MULHERES NA LIDERANÇA

Lucelena Ferreira

MULHERES NA LIDERANÇA

Estratégias para superar obstáculos de gênero nas organizações

© 2020 - Lucelena Ferreira
Direitos em língua portuguesa para o Brasil:
Matrix Editora
www.matrixeditora.com.br

Diretor editorial
Paulo Tadeu

Capa, projeto gráfico e diagramação
Allan Martini Colombo

Revisão
Adriana Wrege
Silvia Parollo

CIP-BRASIL - CATALOGAÇÃO NA PUBLICAÇÃO
SINDICATO NACIONAL DOS EDITORES DE LIVROS, RJ

Ferreira, Lucelena
Mulheres na liderança / Lucelena Ferreira. - 1. ed. - São Paulo: Matrix, 2020.
208 p.; 23 cm.

ISBN 978-65-5616-006-1

1. Liderança em mulheres. 2. Mulheres - Condições sociais. I. Título.

20-63772

CDD: 305.4
CDU: 305-055.2

Leandra Felix da Cruz Candido - Bibliotecária - CRB-7/6135

SUMÁRIO

Prefácio 9

Apresentação 11

Capítulo 1
Os estereótipos de gênero e suas consequências 19

Capítulo 2
Barreiras de gênero no mundo corporativo................ 57

Capítulo 3
Liderança: teoria e prática 87

Capítulo 4
Ampliando sua influência e seu poder pessoal 127

Capítulo 5
Políticas e ações corporativas para igualdade de gênero: derrubando barreiras 169

Conclusão 203

Para Bela.

Para Dani e Alice.

PREFÁCIO

Quando recebi o convite para escrever este prefácio, só o que me veio à mente foi um dos mais famosos poemas de Gabriela Mistral. "Todas íamos ser rainhas, de quatro reinos sobre o mar", escreveu a diplomata chilena que levaria a América Latina a ganhar seu primeiro prêmio Nobel de Literatura, em 1945. No poema, as quatro amigas do vilarejo, cercadas pelas montanhas da cordilheira e vestidas com as tranças e as certezas dos sete anos, preveem para si um futuro de grandezas. E, com ele, o desconhecido mar. Mas, à medida que avançam os versos, à medida que as meninas vão se tornando mulheres, e à medida que o barro da vida vai esculpindo seus contornos, os reinados daquelas quatro meninas vão se tornando apenas histórias, desejos remotos, sucedidos pelos reinados de outras tantas meninas que chegarão.

Num primeiro momento, você pode achar que o livro que tem nas mãos é o fruto de uma pesquisa exaustiva, de uma acadêmica brilhante que dedicou mais de quinze anos de sua vida a estudar liderança e ética nas corporações. E você terá acertado, mas não completamente.

O que faz deste livro uma obra especial é o trabalho da menina Lucelena. Essa menina que cismou em ser poeta e professora, profissões cujos reinados não terminam antes do horizonte. Foi essa menina que veio conversar comigo, para saber como é isso de enfrentar a Medusa todos os dias e não ver seus sonhos transformados em pedra. Foi ela, aliás, que achou de me incluir entre essas outras meninas-rainhas, porque tem mais fome de ler as pessoas do que as planilhas, inflando em mim o orgulho e a responsabilidade.

Por fim, é essa menina teimosa que está convencida de que é preciso fazer algo por outras meninas que chegarão. "Todas seremos rainhas e chegaremos todas ao mar", dizem as meninas de Mistral.

Eis o caminho, diz a menina Lucelena.

A mim, resta apenas lhe desejar uma boa leitura. E que você faça bom proveito, porque o desconhecido mar pode estar logo ali.

Angela Brandão
Ex-diretora de Comunicação do Senado, jornalista, escritora e compositora

APRESENTAÇÃO

Considerando as duzentas maiores empresas do Brasil, você tem ideia de quantas são presididas por mulheres? Três. Ou 1,5% do total[1]. No setor público, apenas 5% das estatais têm mulheres no principal posto executivo[2]. Se olharmos todas as empresas do país, teremos em torno de 16% de CEOs do sexo feminino[3]. São números contundentes. Apesar de representarmos mais da metade da população, ainda estamos muito longe de atingir esse percentual em cargos de liderança.

A pouca presença feminina nos altos escalões das empresas não é fenômeno exclusivo do Brasil. Das quinhentas companhias norte-americanas de maior faturamento (com base na lista da *Fortune 500*), menos de 5% têm mulheres na presidência. Levantamento feito pelo *New York Times* concluiu que há mais homens chamados John do que mulheres (com qualquer nome) no cargo de CEO das maiores empresas do país. Praticamente no mundo todo, quando se considera a quantidade de mulheres e homens nos postos de liderança das organizações, percebe-se uma pirâmide invertida de gênero. Na base da pirâmide, ou

---

1 Segundo levantamento feito pela revista *Veja* em 2017. In: https://veja.abril.com.br/economia/das-20 0-maiores-empresas-do-brasil-apenas-tres-tem-uma-mulher-no-comando/
2 De acordo com levantamento feito pelo jornal *O Globo* em fevereiro de 2018. In: http://mulheres transformadoras.com.br/site/2018/02/23/somente-quatro-mulheres-sao-presidentes-de-estatais-no-brasil/
3 Segundo resultados da pesquisa **Women in Business** publicados em 2018 pela Grant Thornton. In: https://www.grantthornton.com.br/globalassets/1.-member-firms/brazil/6.insights/pdf/grant-thornton-women-in-business-2018-embargo-8-march_pt_v2.pdf

seja, nos cargos iniciais, há um equilíbrio quantitativo de gênero, com quantidade similar de mulheres e homens. À medida que se avança na hierarquia empresarial, os homens dominam largamente. No Brasil, em 2015, 60,9% dos cargos gerenciais eram ocupados por homens e 39,1% por mulheres[4]. Em 2016, a representação feminina caiu para 37%. No nosso país, as mulheres ganham, em média, 76% do salário dos homens, nos mesmos cargos e com a mesma formação. Nos cargos de gerência e direção, a proporção cai para 68%[5]. Quanto maior a hierarquia do posto e a escolaridade, maior a desigualdade salarial entre os gêneros. Esta persiste em todos os cargos e áreas. Segundo pesquisa da Catho, a maior diferença está na área jurídica, em que as mulheres ganham, em média, menos da metade do salário dos homens[6]. O mercado ainda se mostra muito favorável a eles, embora a escolaridade feminina seja maior.

A mulher brasileira tem, em média, oito anos de estudo, e os homens, 7,6. Há 37,9% mais mulheres (de 25 a 44 anos) com curso superior completo do que homens[7]. Porém, dentro do universo feminino, há um recorte de cor/raça que não pode ser ignorado. As mulheres negras e pardas estão em desvantagem em relação às brancas no que diz respeito a escolaridade, salário, ocupação de cargos executivos. Pesquisa realizada pelo Instituto Ethos e pelo Banco Interamericano de Desenvolvimento (BID)[8], em 2016, revelou que pessoas negras e pardas ocupavam apenas 4,7% do quadro de executivos das empresas estudadas. Cruzando os recortes de gênero e raça, o resultado foi o seguinte: 1,6% dos cargos de gerente e 0,4% do *board* das instituições analisadas eram ocupados por mulheres negras ou pardas.

Por que as mulheres vão sumindo à medida que se caminha em direção ao topo da empresa? O que acontece no meio do percurso?

---

[4] IBGE. **Estatísticas de gênero**: indicadores sociais das mulheres no Brasil. In: https://biblioteca.ibge.gov.br/visualizacao/livros/liv101551_informativo.pdf.
[5] https://oglobo.globo.com/economia/mulheres-estao-em-apenas-37-dos-cargos-de-chefia-nas-empresas-21013908#ixzz5S4TpSxjS
[6] https://g1.globo.com/economia/concursos-e-emprego/noticia/mulheres-ganham-menos-que-os-homens-em-todos-os-cargos-e-areas-diz-pesquisa.ghtml
[7] IBGE. **Estatísticas de gênero**: indicadores sociais das mulheres no Brasil. In: https://biblioteca.ibge.gov.br/visualizacao/livros/liv101551_informativo.pdf.
[8] **Perfil social, racial e de gênero das 500 maiores empresas do Brasil e suas ações afirmativas**. In: https://www3.ethos.org.br/cedoc/perfil-social-racial-e-de-genero-das-500-maiores-empresas-do-brasil-e-suas-acoes-afirmativas/#.W6vnWXtKiM8.

Por que, quando sobem, ganham menos do que os homens na mesma função? Tentativas de explicação que enfocam, por exemplo, o acaso ou uma competência maior dos homens para liderança não se sustentam e ainda servem para mascarar os reais problemas que enfrentamos, ajudando a manter um *status quo* desfavorável às mulheres. Este livro buscará compreender as dificuldades da ascensão feminina, desvendar suas causas e oferecer algumas soluções possíveis para vencer as barreiras externas e internas à chegada das mulheres ao poder nas empresas. Para uma mulher chegar ao topo, não basta uma boa formação, não basta dedicação, não basta demonstrar competência. Ou seja, o jogo não é justo para nós. Ao menos, é isso que as pesquisas indicam, como veremos nos capítulos seguintes. Há barreiras específicas de gênero que prejudicam a carreira das mulheres. É preciso conhecê-las e aprender a lidar com elas.

As líderes que entrevistei ainda são exceção no cenário empresarial. Furaram um bloqueio pesado. Qual é o segredo delas para tantas conquistas? Suas histórias de vida e carreira trazem valiosos aprendizados sobre a ascensão profissional da mulher em um universo em que ainda predomina a discriminação de gênero. Neste livro, busco entrelaçar teoria e prática da liderança de forma leve, oferecendo lições úteis para o desenvolvimento profissional de qualquer mulher que almeje chegar ao topo. Mas este livro também é para os homens que desejam compreender os obstáculos que sua filha, esposa, colegas de trabalho, lideradas etc. vivenciam ou ainda vão enfrentar na vida profissional. Com a leitura, poderão desenvolver empatia, ampliar sua eficácia na liderança e suas condições de colaborar com a construção de uma cultura organizacional ética, que favoreça a igualdade de oportunidades entre os gêneros e, ainda, que gere melhores resultados financeiros.

Como todos sabem, vivemos em uma cultura machista, em que a mulher é inferiorizada em relação aos homens, inclusive intelectualmente. Nesse ambiente, a liderança é tradicionalmente associada à figura e a características tidas como masculinas. As ideias, valores e pensamentos machistas são reproduzidos por mulheres e homens. No Brasil, ainda predomina a ideia de que a mulher tem responsabilidade pelas questões domésticas (durante muito tempo, inclusive, fomos proibidas até de estudar e trabalhar fora), gerando dupla jornada (ou tripla, quando há filhos) para as que trabalham na casa e na empresa.

Historicamente, espera-se do homem que trabalhe fora e seja o principal provedor da família. É fato que ainda existe um estranhamento em relação aos homens que optam por cuidar da casa e dos filhos enquanto a mulher trabalha fora e é a única provedora. Os próprios homens não se sentem confortáveis nessa situação, como se os diminuísse diante de seus pares masculinos. Pesquisas mostram que a mulher ainda trabalha muito mais horas por semana na gerência das questões domésticas do que o homem, e isso é uma barreira relevante para a inserção e ascensão profissional.

Segundo dados do IBGE, gastamos 73% a mais de tempo do que eles nos afazeres domésticos[9]. E, acredite, esse número cresceu na última década! Em média, a mulher brasileira dedica 72,5 horas por mês a tarefas domésticas ou cuidados com outras pessoas, como crianças e idosos da família, enquanto o homem gasta 42 horas com esses mesmos afazeres. Para dar conta da dupla jornada, as mulheres tendem a aceitar trabalhos com carga horária reduzida. Entre os trabalhadores de tempo parcial (até trinta horas semanais), o percentual de mulheres (28,2%) é o dobro do de homens (14,1%)[10]. Muitas vezes, até desistem da carreira para dar conta dos cuidados com a família. Como afirma Cristiane Soares, economista do IBGE, a sociedade empurra a mulher para determinados papéis que restringem suas escolhas profissionais:

> Muitas mulheres escolhem carreiras em que podem conciliar trabalho com as tarefas de casa, mãe, esposa, cuidadora. Outras abrem mão da carreira ou dão prioridade para a ascensão do marido, por ele ganhar mais. Há vários aspectos que restringem essa ascensão, inclusive o machismo, pois alguns homens ainda não aceitam a ideia de serem comandados por uma mulher. [...] A desigualdade é um pouco menor no setor público, inclusive porque, em grande parte, o ingresso se dá por concurso. No entanto, a distribuição dos cargos DAS [cargos de Direção e

---

9 IBGE. **Estatísticas de gênero**: indicadores sociais das mulheres no Brasil. In: https://biblioteca.ibge.gov.br/visualizacao/livros/liv101551_informativo.pdf.
10 http://www.jb.com.br/index.php?id=/acervo/materia.php&cd_matia=885981&dinamico=1&preview=1.

Assessoramento Superior] por sexo deixa evidente que o acesso das mulheres a níveis superiores é mais restrito[11].

Nesse contexto, de certa forma, as mulheres ainda seriam "intrusas" no mercado de trabalho, sobretudo em postos de liderança. E os homens ainda são considerados estranhos na gestão da vida doméstica. Claro que me refiro a traços dominantes da nossa cultura. Há exceções. Esses estereótipos de gênero fazem com que os homens, em geral, se sintam mais autoconfiantes e sejam mais valorizados no trabalho do que as mulheres, e que muitas delas interiorizem inseguranças profissionais.

Assim, vários obstáculos internos e externos (legais, empresariais, familiares etc.) se impõem durante a trajetória profissional das mulheres, dificultando sua chegada ao topo das empresas e de todas as esferas de poder (político, jurídico, artístico etc.). Ainda segundo os dados divulgados pelo IBGE[12], a representatividade das mulheres na vida política do país é bastante inferior à média mundial. Em 2017, só 10,5% dos assentos da Câmara dos Deputados eram ocupados por mulheres, enquanto no mundo a média era de 23,6 %.

Durante algum tempo, quando se falava nas dificuldades das mulheres em sua carreira, o termo "teto de vidro" era utilizado para explicar o limite invisível que surgia em um determinado momento e que impedia a maioria de nós de continuar ascendendo profissionalmente. Essa ideia foi ultrapassada, porque se observou que os entraves profissionais de gênero ocorrem o tempo todo, desde o início da carreira, não apenas em uma etapa da nossa trajetória, colocando as mulheres em constante desvantagem competitiva em relação aos homens. Assim, a metáfora mais usada passou a ser a do "labirinto de cristal"[13]. A ideia é justamente mostrar que existem vários obstáculos específicos de gênero durante toda a nossa carreira, que muitas vezes nem conseguimos detectar por serem "invisíveis". Eles estão presentes desde a nossa entrada no mercado de trabalho e, em geral, vão ficando cada vez mais difíceis

---

[11] https://oglobo.globo.com/economia/mulheres-estao-em-apenas-37-dos-cargos-de-chefia-nas-empresas-21013908.
[12] IBGE. **Estatísticas de gênero**: indicadores sociais das mulheres no Brasil. In: https://biblioteca.ibge.gov.br/visualizacao/livros/liv101551_informativo.pdf.
[13] EAGLY, Alice; CARLI, Linda. **Through the Labyrinth**: the truth about how women become leaders. Boston: Harvard Business School Press, 2007.

de superar conforme vamos avançando. Algumas dessas barreiras profissionais ainda são tidas pela maioria como aspectos naturalizados da nossa cultura (como, por exemplo, a dupla jornada feminina). Assim, mulheres que desejam atingir cargos de liderança precisam aprender a detectar e superar as barreiras externas e internas de gênero que freiam suas carreiras. Sim, por incrível que pareça, também há barreiras dentro de nós mesmas que precisamos eliminar. Espero poder ajudar você nesse percurso.

Conhecer o labirinto de cristal e seus obstáculos invisíveis amplia as chances de vencê-los. Na fala acertada de Sylvia Coutinho, é preciso enxergar o labirinto de cima para traçar estratégias de saída. Assim, neste livro, vamos desvendar barreiras internas e externas de gênero que podem limitar a carreira das mulheres, sugerindo reflexões e estratégias possíveis para superá-las. Para isso, entrevistei executivas brasileiras que são líderes em grandes empresas nacionais e estrangeiras do setor privado. Do setor público, conversei com a então diretora de Comunicação do Senado brasileiro. Do terceiro setor, entrevistei a diretora de Educação da Endeavor. Todas elas enfrentaram muitos e diferentes desafios em seu crescimento profissional e souberam encontrar caminhos até a chegada ao topo das empresas. Esses casos de sucesso são exemplos inspiradores para guiar a construção de uma trajetória vencedora na sua vida. Conheça um pouco mais sobre as líderes com quem conversei:

– Antes dos 40 anos, Duda Kertész assumiu a presidência da Johnson & Johnson no Brasil. Sob seu comando, em pouco mais de cinco anos, a multinacional cresceu 80% no país. Hoje, Kertész comanda uma das divisões da empresa nos Estados Unidos, chamada HealthE.

– Leila Velez é a típica *self made woman*. Começou sua trajetória profissional como atendente do McDonald's. Com 16 anos de idade, foi a gerente mais jovem da companhia. Criou a empresa Beleza Natural, da qual é CEO até hoje. Em 2019, iniciaram a expansão internacional, com uma filial nos Estados Unidos.

– Luiza Trajano é referência de liderança para várias das executivas que entrevistamos. Começou trabalhando nas férias, aos 12 anos de idade, como vendedora no Magazine Luiza, empresa de sua tia. Como

CEO, transformou a pequena empresa familiar em um dos maiores varejistas do Brasil.

– Paula Bellizia escolheu trabalhar no mercado de tecnologia. Foi presidente das operações brasileiras da Apple, CEO da Microsoft no país e, hoje, é vice-presidente de Vendas, Marketing e Operações da Microsoft na América Latina. Foi eleita pela *Forbes*, em 2016, uma das dez mulheres mais poderosas do Brasil.

– Claudia Sender foi eleita pela revista *Fortune*, em 2013, um dos quarenta executivos abaixo de quarenta anos mais promissores do mundo. Foi CEO da Latam de 2013 a 2019, tendo liderado a internacionalização da empresa em 2015. Hoje, é *board member* da Gerdau, da Estácio e da LafargeHolcim.

– Com apenas 26 anos, Renata Chilvarquer assumiu a Diretoria de Educação Empreendedora da Endeavor, maior organização de apoio ao empreendedorismo de alto impacto do mundo, onde ficou até 2016. Saiu da Endeavor justamente para empreender, fundando sua própria empresa.

– Sonia Hess liderou durante muitos anos a Dudalina, empresa familiar criada por sua mãe. Durante a gestão de Sonia como CEO, a companhia tornou-se a maior camisaria da América Latina, com vendas anuais próximas a R$ 500 milhões. Foi eleita pela *Forbes*, em 2013, a sexta mulher mais importante do Brasil.

– Sylvia Coutinho preside a filial brasileira de um dos maiores bancos do mundo, o UBS. Na época da entrevista, era a única mulher CEO de banco no país. O UBS atua como gestor de fortunas, corretora e banco de investimentos. Em 2016, Sylvia foi eleita pela *Forbes* uma das dez mulheres mais poderosas do Brasil.

– Angela Brandão foi diretora de Comunicação do Senado brasileiro até 2019. Sob sua gestão, entre outras áreas, estavam a TV Senado, a rádio, o site e as redes sociais oficiais da instituição. Em um ano, conseguiu mais de dez prêmios de jornalismo e recordes históricos de acesso em todas as mídias sociais, entre outras conquistas.

Para este livro, além das entrevistas com as executivas citadas, fiz uma revisão de pesquisas científicas recentes que considero relevantes para a compreensão da discriminação de gênero no ambiente empresarial, suas causas e efeitos e as possibilidades de superação. Também selecionei alguns exemplos e lições de líderes estrangeiras. O objetivo é proporcionar a você ferramentas úteis para a ascensão profissional e provocar reflexões que ajudem-na a ser uma líder e uma pessoa ainda melhor e mais justa. Vamos nos juntar nessa caminhada transformadora, para a construção de um mundo mais suave para nós e para as próximas gerações de mulheres!

CAPÍTULO 1

OS ESTEREÓTIPOS DE GÊNERO E SUAS CONSEQUÊNCIAS

1. O peso do machismo

Mulher é o sexo frágil. Atrás de um grande homem tem sempre uma grande mulher. O mundo é a casa do homem e a casa é o mundo da mulher. Mulher ao volante, perigo constante. A única coisa que mulher sabe pilotar bem é fogão. Está nervosa por quê? Está de TPM? Mulher é que nem pernilongo, só sossega com um tapa. Você até que é bonita para trabalhar com computação. Sou contra a bigamia: se uma mulher já estraga a vida do homem, imagine duas! A amizade entre duas mulheres é sempre conspiração contra uma terceira. Carro e mulher: se é muito rodado, ninguém quer. Por que as mulheres vivem sacudindo o cabelo de um lado para o outro? Para ver se o cérebro pega no tranco.

As frases acima mostram representações tradicionais da mulher e do homem no imaginário popular brasileiro. Elas refletem valores e significados difundidos pela sociedade, que vão delineando o que se espera da mulher e do homem, aquilo que se considera feminino ou masculino. O que nos diz o senso comum? Mulher dirige mal, homem não quer casar, mulher fala demais, futebol é esporte de menino, toda mulher quer ser mãe, luta é coisa de homem, lugar de mulher é na cozinha, homem só pensa em sexo, mulher só pensa em dinheiro etc. Os estereótipos de gênero estão presentes e são reforçados por ditos populares, piadas, romances, filmes, propagandas e até leis. E influenciam percepções, comportamentos e julgamentos. Não faz muito tempo que as revistas femininas mostravam que a função da mulher na sociedade era manter a casa organizada e cuidar de um marido provedor. Vejamos alguns exemplos das décadas de 1950 e 1960 no Brasil:

> "Não se deve irritar o homem com ciúmes e dúvidas." (*Jornal das Moças*, 1957)

> "Se desconfiar da infidelidade do marido, a esposa deve redobrar seu carinho e provas de afeto, sem questioná-lo." (revista *Claudia*, 1962)

> "A desordem em um banheiro desperta no marido a vontade de ir tomar banho fora de casa." (*Jornal das Moças*, 1965)

> "Se o seu marido fuma, não arrume briga pelo simples fato de cair cinzas no tapete. Tenha cinzeiros espalhados por toda a casa." (*Jornal das Moças*, 1957)

> "A mulher deve estar ciente de que dificilmente um homem pode perdoar uma mulher por não ter resistido às experiências pré-nupciais, mostrando que era perfeita e única, exatamente como ele a idealizara." (revista *Claudia*, 1962)

> "Mesmo que um homem consiga divertir-se com sua namorada ou noiva, na verdade ele não irá gostar de ver que ela cedeu." (revista *Querida*, 1954)

> "O noivado longo é um perigo, mas nunca sugira o matrimônio. Ele é quem decide – sempre." (revista *Querida*, 1953)

"Sempre que o homem sair com os amigos e voltar tarde da noite, espere-o linda, cheirosa e dócil." (*Jornal das Moças*, 1958)

"É fundamental manter sempre a aparência impecável diante do marido." (*Jornal das Moças*, 1957)

"O lugar de mulher é no lar. O trabalho fora de casa a masculiniza." (revista *Querida*, 1955)

"A mulher deve fazer o marido descansar nas horas vagas, servindo-lhe uma cerveja bem gelada. Nada de incomodá-lo com serviços ou notícias domésticas." (*Jornal das Moças*, 1959)[14]

Isso não tem nem cem anos! Em termos históricos, esse tempo é uma vírgula. Atualmente, apesar de não termos mais indicações tão contundentes para nos restringirmos à esfera do lar, os temas tratados com mais frequência em revistas direcionadas às mulheres continuam basicamente os mesmos: família, casamento, maternidade, sexo e sedução (como atrair/agradar os homens), corpo (a necessidade de seguir um padrão de beleza), vestuário e outras trivialidades. Segundo a pesquisadora Tania Navarro Swain:

> A ausência, nas revistas femininas, de debate político, de assuntos econômico-financeiros, das estratégias e objetivos sociais, das questões jurídicas e opinativas, é extremamente expressiva quanto à participação presumida, à capacidade de discussão e criação, ao próprio nível intelectual das mulheres que as compram[15].

Mesmo quando o assunto é justamente a mulher executiva, o estereótipo não nos abandona. Silvana Andrade[16] fez uma análise sobre as representações, identidades e trajetórias de mulheres executivas no

---

14 BASSANEZI, Carla. Revistas femininas e o ideal de felicidade conjugal (1945-1964). **Cadernos Pagu**, São Paulo, n. 1, Unicamp, IFCH, 1993.
15 SWAIN, Tania Navarro. Feminismo e recortes do tempo presente: mulheres em revistas "femininas". **São Paulo Perspec.** [online]. São Paulo, v. 15, n. 3, p. 67-81, 2001. Disponível em: http://dx.doi.org/10.1590/S0102-88392001000300010.
16 ANDRADE, Silvana. **Eu sou uma pessoa de tremendo sucesso**: representações, identidades e trajetórias de mulheres executivas no Brasil. Rio de Janeiro: Mauad, 2012.

Brasil com base em todos os 52 números das revistas *Vida Executiva/ Mulher Executiva* publicados entre 2004 e 2010, quando o periódico saiu de circulação. Segundo a pesquisadora, o propósito da revista era ensinar o padrão de comportamento a ser seguido para se chegar a posições executivas na carreira. Com esse objetivo, as matérias abordavam com frequência temas como vestuário, corte de cabelo, penteados adequados, vocabulário apropriado. Andrade também produziu um estudo sobre as revistas *Veja* e *Exame*, em que concluiu que esses periódicos reforçam a ideia de que cuidar da casa e da família é responsabilidade da mulher.

Claudia Sender conta que, quando assumiu a presidência da TAM, foi muito assediada pela imprensa. Nas entrevistas, sempre vinha uma pergunta acerca de como conseguia conciliar família e trabalho. No início, isso a incomodou bastante, já que essa questão nunca é direcionada aos executivos do sexo masculino. Hoje, ela afirma que compreende a importância de abordar a questão de gênero no mercado de trabalho nas suas falas:

> Eu lembro que, logo que assumi a presidência, todos os pedidos que eu recebia de pauta eram pautas mais femininas. "Ah, a primeira mulher presidente... Ah, a vida de Claudia Sender, mulher e presidente." E eu falava assim: "Ninguém pede para entrevistar o presidente da nossa principal concorrente – que tem a mesma idade que eu e também virou presidente de uma empresa aérea – para falar de como é ser homem e também presidente. Então eu não quero falar de pautas feministas, eu quero falar de negócios. Quero falar como presidente da TAM". E, depois de um tempo, eu comecei a receber *feedback* de mulheres que me escutavam e falavam: "Agora eu acredito, agora eu sei que dá, agora eu acho que posso". E eu fui mudando um pouco. Tendo alcançado essa posição que tenho hoje, eu tenho um papel de abrir caminho.

Duda Kertész também ressalta a importância dos exemplos femininos de liderança para estimular as novas gerações de mulheres:

> O exemplo pode ajudar bastante, porque eu vejo muito isso, as mulheres falando assim: "Nossa, como é bom ver que é possível. Como é que você conseguiu? Me fala? Às vezes eu acho que

não vou conseguir". Eu acho que você desmistificar para outras mulheres é muito importante. Então, as mulheres que chegam lá devem dividir a experiência, conversar sobre o assunto. Na Johnson & Johnson, tem um monte de ação prática [em busca de um maior equilíbrio de gênero em cargos de gestão]: tem horário flexível, tem licença-maternidade de seis meses, tem um grupo de liderança que é para poder dividir mais os exemplos e inspirar mais mulheres.

É importante problematizar a pergunta – comumente feita a mulheres executivas, e nunca aos homens – sobre como conseguir o "equilíbrio entre família e trabalho": a falta de equilíbrio e a sobrecarga feminina se dão quando o marido/companheiro não assume sua responsabilidade pelo trabalho doméstico com casa e filhos. São esses maridos cronófagos, que roubam o tempo gasto pelas mulheres com o trabalho não remunerado em casa, que prejudicam a carreira delas. Ou seja, o que gera a sobrecarga feminina com a dupla/tripla jornada não são os filhos ou as tarefas da casa, mas sim a negligência doméstica dos maridos.

O *feedback* que Kertész e Sender recebem de outras mulheres ilustra a importância dos modelos femininos em cargos de liderança. A Sociologia explica que existe uma forte correlação entre o que a gente almeja para a nossa vida (nesse caso, profissional) e o que considera *possível* atingir[17]. Se eu sou universitária no Brasil e descubro que uma mulher de menos de 40 anos que também se formou no país ocupa a presidência de uma empresa de aviação, isso contribui para que eu comece a considerar mais viável perseguir esse tipo de carreira.

Como ensina o sociólogo Pierre Bourdieu, realizamos uma espécie de "estatística intuitiva", analisando, por meio dos exemplos próximos, as possibilidades de obter êxito nas nossas metas. Em outras palavras, as esperanças subjetivas estão ligadas a oportunidades objetivas. Em harmonia com esse pensamento, nossa entrevistada Angela Brandão defende a importância de buscarmos uma maior representatividade feminina e negra na cena política brasileira, para que se legitime, cada vez mais, essa diversidade em um campo historicamente dominado por homens brancos. Ela explica seu ponto de vista:

---
17 BOURDIEU, Pierre. **Escritos de educação**. Petrópolis: Vozes, 2015.

> Legitimar seu direito à presença. Que a pessoa se acostume a chegar e ter você ali. Eu acredito em política de cota por causa disso, faz sentido. Vinte, trinta anos depois, você tem um Obama. Precisa desse prazo para as pessoas começarem a se acostumar e a legitimar. Se você anunciar hoje um ministério e colocar quinze mulheres negras, o país para. Por isso que eu falo do acostumar-se. Se você colocar quinze mulheres negras, é evidentemente "um absurdo". Mas se você colocar quinze homens brancos, não.

A fala de Angela joga luz em um aspecto da nossa cultura que me deixa perplexa: a naturalização da presença quase exclusiva de homens brancos nos espaços de poder, de fala e de prestígio na sociedade. Mas uma coisa é certa: a partir do momento que você vê e estranha a ausência de um gênero ou uma cor/raça nesses espaços, não "desvê" nunca mais. E o mundo começa a ficar mais desconfortável.

A construção social do que é adequado para uma mulher e para um homem na nossa sociedade começa na infância. Quais são os brinquedos considerados típicos de menina? Quais são os brinquedos considerados típicos de menino? Observe que as meninas, desde tenra idade, têm uma educação para a servidão. Seus brinquedos clássicos são as bonecas e aparatos (roupas, caminhas etc.), panelas e comidas de plástico, vassourinhas e outros objetos associados a tarefas domésticas e ao cuidado com os outros, além de maquiagem e outros "enfeites" para o corpo. Já os brinquedos típicos de menino são bola, carrinho, brinquedos de montar, super-heróis... Fico muito incomodada quando entro em lojas de brinquedos com minha filha de 7 anos e só encontramos bonecos do sexo masculino na prateleira de super-heróis – figuras associadas a força, liderança, poder, aventura, ação. Poucas vezes, em honrosa exceção, encontro a Mulher-Maravilha ou alguma outra super-heroína menos conhecida. Quase sempre, só homens retratados nesse arquétipo de poder. Pela separação dos brinquedos por gênero, percebe-se que as meninas são ensinadas a cuidar da casa e dos outros e a valorizar sobremaneira a sua aparência física (para agradar aos olhos alheios). Os meninos, não. Uma dica: em vez de elogiar as meninas pela beleza, elogie a coragem, a determinação, a criatividade, a capacidade de liderança...

A pesquisa "Infância, Gênero e Orçamento Público no Brasil"[18], publicada em 2019 pelo Centro de Defesa da Criança e do Adolescente (Cedeca) do Ceará, com base na Pesquisa Nacional por Amostra de Domicílios (PNAD) Contínua da Educação 2018, apontou que mulheres e adolescentes do sexo feminino têm evasão escolar 29 vezes maior do que a dos homens para cuidar da casa ou de alguém. Segundo o estudo, 23,3% das mulheres entre 15 e 29 anos que deixaram os estudos afirmam que precisaram fazê-lo para cuidar da casa ou de uma pessoa (filho, parente, marido etc.). Entre os homens na mesma faixa etária, esse percentual é de 0,8%. Quase metade dos entrevistados do sexo masculino (47,7%) alega que a razão para o abandono dos estudos foi um trabalho remunerado. Entre as mulheres, esse percentual cai para 27,9%.

Para alterar essa situação e construir um mundo mais justo, cabe às famílias e às escolas prover uma educação em que não se reforcem estereótipos de gênero, começando por eliminar a divisão de brinquedos, cores, comportamentos ou tarefas por sexo. É necessário proporcionar uma socialização primária em que as meninas sejam igualmente encorajadas a estudar e almejar uma carreira, que sejam estimuladas em sua ousadia, inteligência, criatividade, coragem; e os meninos tenham a oportunidade, como elas, de aprender a importância de cuidar da casa e da família, de lidar com as emoções e fragilidades de forma mais explícita e saudável.

Na Suécia, um dos países que apresentam maior igualdade de oportunidades entre os gêneros, não é estimulada essa separação entre brinquedos "de menino" e "de menina". Nas escolas e famílias suecas, crianças brincam com brinquedos. Com todos. Lá, por exemplo, um menino não é reprimido por brincar com boneca. Por que seria? Não deveria ele, também, ter a possibilidade de desenvolver uma relação de cuidados com o outro por essa via lúdica? De expressar carinho e afeto explicitamente? Afinal, ser um pai que cuida de seu filho não pode fazer parte do futuro do menino? Aprender a cuidar do outro amplia nossa humanidade. Isso não pode ser negado aos meninos. Em minha percepção, os homens, de certa forma, também são vítimas (guardadas

---

18 https://www.uol.com.br/universa/noticias/redacao/2019/12/13/23-das-mulheres-que-abandonam-escola-precisam-cuidar-da-casa-ou-de-alguem.htm

as devidas proporções) do machismo presente nos estereótipos de gênero, porque o padrão de masculinidade a eles imposto é limitante, é fútil, é frágil. Homem não chora; não pode demonstrar emoções, medos, fragilidades; não pode ser o principal responsável pelos afazeres domésticos ou dedicar-se a uma paternidade mais ativa e presente; não pode escolher determinadas profissões... Tudo afeta a frágil masculinidade. O machismo também julga e condena os homens que não seguem os padrões impostos de comportamento[19].

Em nossa cultura, como aponta a pesquisadora Betina Stefanello Lima[20], os atributos ligados ao amor são associados ao feminino: cuidar, ser cordial e expressar as emoções são alguns exemplos. Isso, às vezes, faz com que algumas formas pelas quais os homens expressam afeto (pelo desejo sexual, por exemplo) não sejam percebidas como demonstrações de amor. Esse código cultural corresponde a uma lógica binária de gênero com determinadas expectativas sociais: espera-se dos homens a provisão material para sua família e reserva-se primordialmente às mulheres a gestão do sentimento. Por essa definição dos papéis de gênero, tradicionalmente os homens ficam associados ao trabalho remunerado, e as mulheres, associadas ao zelo pela casa e a família. Essa divisão do trabalho por gênero (mulher/rainha do lar, homem/provedor) gera uma forte assimetria de poder nas relações, já que o dinheiro fica sob o controle do homem. De acordo com Pierre Bourdieu[21], para que essa estrutura social seja alterada, é preciso mudar o estado atual da relação de forças *material* e *simbólica* entre os sexos. Para o sociólogo, é necessária uma ação coletiva de resistência feminina, com o objetivo de impor reformas jurídicas, políticas e culturais, eliminando os mecanismos que perpetuam a subordinação da mulher na sociedade.

Como a dedicação ao cotidiano familiar é associada ao "amor", não se cogita a sua remuneração, e muitos homens se sentem confortáveis com essa divisão de papéis (em que a força de trabalho feminina é explorada gratuitamente), mesmo quando a mulher entra no mercado de trabalho.

---

19 https://emais.estadao.com.br/blogs/ruth-manus/o-quanto-o-machismo-tambem-reprime-os-homens/
20 LIMA, Betina S. Quando o amor amarra: reflexões sobre as relações afetivas e a carreira científica. **Gênero**, Rio de Janeiro , v. 12, p. 9-21, 2011.
21 BOURDIEU, Pierre. **A dominação masculina**: a condição feminina e a violência simbólica. Rio de Janeiro: Bertrand Brasil, 2012.

Nesse caso, cabe a ela a obrigação de acumular uma dupla jornada, que inclui o trabalho na empresa e em casa. Essa é a expectativa social dominante, que se reflete no cotidiano das famílias, como abordarei no capítulo seguinte. Vale lembrar que mulheres casadas que trabalham fora dedicam mais horas ao trabalho doméstico do que o marido desempregado. Trazendo números recentes do IBGE:

> Considerando todas as mulheres (ocupadas, desocupadas e inativas), elas dedicam 20,9 horas às tarefas domésticas e aos cuidados pessoais de crianças e idosos, o que inclui atividades, como olhar as crianças e levar à escola. É o dobro das horas dedicadas por eles: só 10,8 horas semanais. Esses números são praticamente idênticos aos apurados na pesquisa anterior [de 2016][22].

Em razão dessa desigualdade, o sociólogo Ritxar Bacete, especialista em igualdade de gênero, afirma que os homens são cronófagos e roubam muito tempo (e energia) de suas companheiras, esquivando-se das tarefas domésticas. Segundo Bacete, essa exploração do trabalho não remunerado das mulheres é um dos maiores privilégios concedidos aos homens pela sociedade machista, que traz imensos ganhos à carreira deles.

Outras consequências da "feminização" do amor são: o empoderamento masculino por enfatizar a dependência feminina no amor; a invisibilidade da dependência e da necessidade de afeto masculinas, como se elas não existissem; a dificuldade de entendimento entre os casais[23]. Essa concepção de amor feminizado contribui para a criação de alguns estereótipos: mulheres são loucas para casar, homens, não; mulheres gostam de comédias românticas, homens preferem filmes de ação; mulheres são românticas, homens, não etc. Claro que estamos falando de códigos predominantes em nossa cultura, mas não absolutos. Pessoas e famílias se encaixam mais ou menos nesses padrões, dentro de um amplo espectro.

O Fórum Econômico Mundial apresenta anualmente um *ranking* de igualdade de gênero entre 149 países, o *Global Gender Report*. De 2016 a 2018, o Brasil caiu dezesseis posições no ranking, ficando na 95ª posição.

---

[22] https://oglobo.globo.com/economia/mulheres-com-emprego-trabalham-mais-em-casa-do-que-homens-desempregados-22602818
[23] LIMA, Betina S. Quando o amor amarra: reflexões sobre as relações afetivas e a carreira científica. **Gênero**, Rio de Janeiro, v. 12, p. 9-21, 2011.

Uma vergonha. Em 2016, o país figurava no 79º lugar. Ou seja, segundo o relatório, a desigualdade de gênero no Brasil vem aumentando, e não diminuindo. O índice leva em consideração quatro variáveis: participação e oportunidades econômicas (incluindo questões salariais e condições trabalhistas), poderio político (representatividade de homens e mulheres na política), desempenho educacional (alfabetização, número de matrículas) e saúde (taxa de natalidade por sexo e expectativa de vida). Se fossem levados em conta apenas os campos econômico e político, nossa classificação seria muito pior. Como chegamos a essa situação? Quais os mecanismos utilizados ao longo dos séculos para construir e manter uma cultura de dominação masculina? Sem pretender esgotar a questão, vou levantar apenas alguns pontos que me parecem relevantes do ponto de vista sociológico/antropológico.

Durante alguns séculos, as mulheres brasileiras foram proibidas de aprender a ler, escrever, estudar e trabalhar fora de casa. Só foram autorizadas a entrar na escola no século XIX. Em 1879 (quase século XX), as mulheres ganharam autorização do governo para estudar em instituições de ensino superior, mas as que seguiam esse caminho eram discriminadas e criticadas pela maioria da sociedade. Outras enfrentavam a proibição dos pais ou maridos. Sabemos que a legislação reflete (e reforça) valores e princípios da sociedade. O Código Civil de 1916 garantia, no âmbito legal, a submissão da esposa ao marido. Veja este trecho do referido documento:

> Art. 242 - A mulher não pode, sem o consentimento do marido:
> I. Praticar atos que este não poderia sem o consentimento da mulher.
> II. Alienar, ou gravar de ônus real, os imóveis do seu domínio particular, qualquer que seja o regime dos bens.
> III. Alienar os seus direitos reais sobre imóveis de outrem.
> IV. Aceitar ou repudiar herança ou legado.
> V. Aceitar tutela, curatela ou outro múnus público.
> VI. Litigar em juízo civil ou comercial, a não ser nos casos indicados nos arts. 248 e 251.
> VII. Exercer profissão.
> VIII. Contrair obrigações que possam importar em alheação de bens do casal.
> IX. Aceitar mandato.

Nessa época, as mulheres não tinham nem de longe os mesmos direitos e oportunidades dos homens, e seu papel na vida social, garantido por lei, era de submissão (ao pai ou ao marido). Os afazeres domésticos eram responsabilidade exclusivamente feminina. Quando a primeira mulher decidiu prestar concurso público (para o Itamaraty), em 1918, o chanceler responsável por autorizar sua inscrição declarou: "Melhor seria, certamente, para o seu prestígio, que continuasse à direção do lar, tais são os desenganos da vida pública, mas não há como recusar a sua aspiração". A baiana Maria José de Castro Rebello Mendes passou em primeiro lugar na seleção e se tornou a primeira funcionária pública de carreira no Brasil[24]. Até o século XX, as brasileiras eram proibidas de votar. Não éramos consideradas cidadãs. O voto feminino só se tornou obrigatório como o dos homens em 1946.

Outro campo de opressão para a maioria das mulheres, ainda hoje, é o da sexualidade. Historicamente, sempre fomos tolhidas na educação sexual, e os homens, estimulados. Claro que as coisas vêm melhorando. As adolescentes de hoje têm mais liberdade nessa área do que tinham nossas avós. Mas a assimetria de estímulos e proibições entre os gêneros para exercer a sexualidade continua. Pais que têm filhas mulheres até hoje escutam coisas como: "Prenda suas cabras, que meu bode está solto!". As meninas não têm o mesmo direito de vivenciar sua sexualidade livremente, e isso vem desde a educação familiar. O menino pode dormir na casa da namorada. A menina não pode dormir na casa do namorado. "Afinal, o que os outros vão pensar?" Igualdade de oportunidades, direitos e deveres entre os gêneros precisa passar por aí também.

A Rede Globo exibiu, em 2012, uma novela passada no Brasil nos anos 1920 (século XX). Nela, um coronel vivido por José Wilker dizia à sua esposa, com frequência, quando desejava manter relações sexuais com ela: "Deite que eu vou lhe usar". O ato sexual era de dominação, de posse. Satisfazer os prazeres masculinos era o que importava. Quando a mulher recusava, apanhava. E era estuprada pelo marido, que realizava o ato sexual sem o consentimento da esposa. Esse comportamento era tido como aceitável, não era crime, já que a mulher era vista como objeto

---

[24] https://oglobo.globo.com/sociedade/ha-cem-anos-itamaraty-dava-posse-contrariado-primeira-mulher-diplomata-23106080#ixzz5SMmNOohc

de propriedade do marido, a ser usado por ele quando bem entendesse. A mulher não tinha poder nem sobre o próprio corpo. Trata-se de um limite extremo de dominação sobre o outro gênero.

Sabemos que o Brasil é um país com altos índices de violência. Mas o tipo de violência cometido contra a mulher é diferente. Por exemplo, quase 90% das vítimas de estupro no país são mulheres. Foram mais de 60.000 registrados em 2017, e estima-se que esse número seja apenas 10% do total real. Ou seja, acontecem mais de meio milhão de estupros por ano no país, e a maioria das vítimas é criança ou adolescente. Menos de 16% dos agressores foram presos. Na escalada de violência contra a mulher, foram contabilizados 4.473 homicídios dolosos em 2017 no país (um aumento de 6,5% em relação ao ano anterior). Desse total, quase mil foram feminicídios (dado considerado bastante subnotificado), ou seja, quando as mulheres são mortas em crimes de ódio motivados pela condição de gênero, que envolvem menosprezo ou discriminação com a condição de mulher. Uma das razões mais frequentes para esse tipo de crime é a separação do casal, quando o homem não se conforma em ter sido deixado.

Um levantamento do Instituto de Pesquisa Econômica Aplicada (IPEA)[25] nos mostra que há uma diferença grande em relação ao local em que ocorrem as agressões físicas contra homens e mulheres: 80% das agressões aos homens ocorrem em local público e 12% dentro de casa; quando a vítima é mulher, 43% das agressões se dão dentro de casa e 49% em local público (o restante é classificado como "outros"). Esse levantamento ainda nos mostra diferenças no perfil do autor das agressões: considerando-se as vítimas do sexo masculino, somente 2% dos agressores eram cônjuges ou ex-cônjuges e 5,7% eram parentes; no caso das vítimas mulheres, 26% das agressões foram perpetradas por cônjuges ou ex-cônjuges e 11,3% por algum parente, somando 37,7%. A Lei nº 11.340/2006 (Lei Maria da Penha) busca garantir a ampliação do acesso à justiça para as pessoas em situação de violência doméstica e familiar. Segundo relatório da Organização Mundial da Saúde, o Brasil ocupa a sétima posição entre as nações mais violentas para as mulheres, de um total de 83 países.

---
25 **Retratos da desigualdade de gênero e raça**. Disponível em: http://www.ipea.gov.br/retrato/

Com esse longo histórico de violência, opressão e proibições às mulheres, quase todas as profissões, quase todas as áreas de produção de conhecimento, arte e leis foram – e ainda são – dominadas por homens. A falta de representatividade e, consequentemente, de empatia com as questões femininas têm, obviamente, consequências negativas para as mulheres na sociedade. Na publicidade, no cinema, na literatura, no jornalismo, nas artes plásticas, nas piadas, nas leis ainda temos uma visão masculina predominante. Como apenas 10% dos profissionais de criação das agências de publicidade são mulheres, a representação feminina que a publicidade propaga é construída por homens. Na história das artes é a mesma coisa. Em 2016, o Museu do Prado, em Madri, fez a sua primeira exposição dedicada a uma artista mulher em seus duzentos anos de história.

O site do museu de arte Tate Modern (Londres) lembrou recentemente uma frase que marcou época em 1989: "As mulheres precisam estar nuas para entrar no Metropolitan Museum?". O mote chama a atenção para um levantamento feito na época: 95% dos pintores expostos no museu eram homens e 85% dos nus retratados eram de mulheres. No âmbito legislativo, ainda são os homens que decidem sobre o corpo feminino em questões como o aborto e o atendimento a vítimas de violência sexual (mulheres, em sua imensa maioria); que regulam sobre temas fundamentais para a nossa vida, como os períodos de licença-maternidade e paternidade etc. Como ressalta Bourdieu[26], a ordem social de dominação masculina é ratificada e reforçada pela família, pela escola, pela Igreja e pelo Estado.

Na cultura machista, o homem é *percebido* como mais competente em relação à mulher em praticamente todas as áreas. As grandes diferenças salariais entre os gêneros (fenômeno mundial) são um termômetro disso. Uma exceção é o campo da moda, em que as modelos costumam ser mais bem pagas e ter mais visibilidade. Não é à toa que se trata de uma área em que a estética corporal tem grande destaque. A significativa disparidade de salários no esporte e no cinema vem sendo alvo de protestos de atletas e atrizes mundo afora. Se considerarmos que, na cerimônia do Oscar, os prêmios são anunciados em ordem crescente de

---

[26] BOURDIEU, Pierre. **A dominação masculina**: a condição feminina e a violência simbólica. Rio de Janeiro: Bertrand Brasil, 2012.

importância, veremos que o prêmio principal da noite é o de melhor filme. O segundo mais valorizado, anunciado logo antes, é o de melhor ator (homem). Até na culinária, o paradigma do "campo feminino", os chefs considerados os melhores do mundo normalmente são homens, ainda que haja mulheres na disputa. Perceba que, em casa, são as mulheres que têm "jeito para a cozinha". Mas, quando se trata de abordar a culinária como carreira remunerada, os homens são considerados mais competentes. Na revista inglesa *Restaurant*, referência nesse setor, dos cinquenta melhores restaurantes do mundo de 2017, apenas dois eram comandados por mulheres na cozinha. Dois. Sendo que, em um dos casos (40º melhor), o restaurante possui um casal de chefs. A outra mulher ficou em 30º lugar na lista.

Uma pesquisa internacional realizada em vinte países (incluindo o Brasil) apontou que apenas 4% da população feminina mundial se considera bonita[27]. Segundo Susan Orbach, psicanalista inglesa que coordenou o estudo, 59% das mulheres admitiram que sentem pressão para serem belas. Sob o crivo do olhar do outro, elas experimentam constantemente a distância entre o seu corpo real e um corpo ideal que buscam alcançar.

Eric Robinson, médico da Universidade de Liverpool, realizou um estudo na Inglaterra mostrando que existe clara correlação entre o ideal de corpo supermagro tido como modelo em muitas culturas contemporâneas e o desenvolvimento de problemas de saúde mental e transtornos alimentares. Sua pesquisa revelou que 100% dos manequins femininos das vitrines que foram analisados (os bonecos que mostram as roupas nas lojas) apresentaram medidas que, na vida real, indicariam desnutrição. Ou seja, os manequins seriam pessoas doentes. No caso dos masculinos, apenas 8% tinham essa característica. Estatísticas apontam que os transtornos alimentares atingem muito mais fortemente as mulheres, que constituem de 85% a 95% do total de pacientes. Esses são alguns dos efeitos de uma cultura machista que estimula a mulher a cuidar do seu corpo como se ele fosse um objeto que deve agradar ao olhar masculino, quando, na verdade, devemos cuidar do nosso corpo para preservar essa máquina incrível que ele é, que nos leva para todo

---

[27] https://m.oglobo.globo.com/sociedade/saude/apenas-4-das-mulheres-se-consideram-bonitas-diz-pesquisa-internacional-2760581

canto e nos proporciona prazeres inacreditáveis. Ainda temos um longo caminho a percorrer nesse sentido. Essa construção do corpo feminino para atender a expectativas masculinas reafirma a lógica de poder que perpassa as relações entre homem e mulher. Sobre isso, Bourdieu afirma:

> A dominação masculina, que constitui as mulheres como objetos simbólicos, cujo ser (esse) é um ser percebido (percipi), tem por efeito colocá-las em permanente estado de insegurança corporal, ou melhor, de dependência simbólica: elas existem primeiro pelo, e para, o olhar dos outros, ou seja, enquanto objetos receptivos, atraentes, disponíveis. (BOURDIEU, 2012, p. 82)

A prática intensiva de determinado esporte ou exercício pode gerar uma transformação profunda na relação das mulheres com o seu corpo, que deixa de ser percebido como corpo passivo, corpo para o outro, e vai ser vivenciado em outras dimensões, como corpo potente, ativo, agente. Muitas vezes, essas mulheres esportistas que se reapropriam da sua imagem corporal e abandonam padrões exigidos de feminilidade são classificadas como masculinizadas ou mesmo gays. Um exemplo recente é o da ex-lutadora de MMA[28] Ronda Rousey, que, com seu corpo forte e musculoso e seu talento para a luta, rompe o que Bourdieu chama de "relação tácita de disponibilidade" e passa a incomodar. Ao sofrer constantes ataques em relação ao seu corpo, Ronda afirma que ela o desenvolveu com um objetivo específico, e não para agradar aos homens. A lutadora diz que não é

> o tipo de mulher que só tenta ser bonita e ser cuidada por outro alguém. É por isso que eu acho hilário se as pessoas dizem que meu corpo é masculino ou algo do tipo. Escuta, só porque meu corpo foi desenvolvido para um propósito que não foder milionários, não significa que ele é masculino. Eu acho que ele é feminino pra cacete porque não há um músculo sequer do meu corpo que não tenha um propósito. [...] Não é dito de forma muito eloquente, mas é direto ao ponto e talvez seja exatamente isso que sou. Eu não sou tão eloquente, mas vou direto ao ponto.

Ronda estilhaça expectativas sociais em relação à mulher não só com o seu corpo-máquina, mas também com sua postura, sua forma de se

---
[28] Mixed Martial Arts (Artes Marciais Mistas).

manifestar com a profissão que escolheu. Ela foi a primeira mulher a assinar contrato com o UFC[29] e se tornou campeã mundial na sua categoria. O sociólogo Bourdieu explica o que se espera das mulheres:

> Que sejam "femininas", isto é, sorridentes, simpáticas, atenciosas, submissas, discretas, contidas ou até mesmo apagadas. E a pretensa "feminilidade" muitas vezes não é mais que uma forma de aquiescência em relação às expectativas masculinas. (BOURDIEU, 2012, p. 82)

Os traços citados acima são frequentemente estimulados na formação das meninas. Nesse ponto, tanto Ronda quanto mulheres executivas vão contra uma corrente de expectativas de gênero, que nos estigmatiza como sexo frágil. Recusar o lugar que a sociedade lhe reserva provoca movimentos reativos a favor dos costumes. Mas, ao mesmo tempo, abre novas possibilidades para as próximas gerações de mulheres.

A representação social dominante de mulher ainda está associada a uma postura delicada e passiva. O casamento ainda é enfatizado como ideal de vida para muitas de nós. Assim eram as antigas princesas que almejavam ser escolhidas como esposas e eram sempre salvas pelo príncipe encantado, o dono da força e do castelo onde elas inexoravelmente iam morar.

No ritual mais comum de casamento na nossa cultura, alguns eventos permitem interpretações curiosas. A mulher entra na igreja pelos braços do pai e é entregue no altar ao noivo, seu novo protetor. Tradicionalmente, ela deve usar vestido branco, símbolo da sua virgindade. Ainda hoje, embora essa não seja mais uma exigência social, ainda há diferenças no julgamento de uma mulher que se relaciona sexualmente com muitos parceiros em comparação com homens que se relacionam com muitas parceiras. Enquanto ele é visto como "garanhão" e recebe tapinhas nas costas por sua performance, ela é vista como "galinha" (ou outras expressões de *slut-shaming*), valendo menos do que as mulheres mais "recatadas". Após a cerimônia, a noiva joga o buquê para suas convidadas solteiras, que o disputam, já que ele é indicativo de sorte para conseguir

---

[29] Ultimate Fight Championship (UFC) é o mais famoso campeonato de artes marciais mistas, que reúne lutadores do mundo inteiro.

marido logo. Antigamente, a lei brasileira obrigava a mulher a mudar o seu nome depois de casada, adotando o sobrenome do marido. O nome é uma importante marca identitária. Hoje, a lei permite que ambos optem por alterar ou não os seus nomes. Ainda assim, só vemos mulheres adotando o sobrenome do marido. O grande John Ono Lennon é uma exceção. Não parece estranho que essa via seja de mão única?

Hoje, muitas empresas estão atentas às demandas do movimento feminista. Nos últimos filmes, a Disney vem criando princesas lutadoras, valentes, cuja identidade não se ancora na união com o príncipe. Frozen, Merida e Moana são algumas das princesas mais recentes, bem recebidas pelo público. Com frequência, a publicidade promove a objetificação da mulher, apresentada de forma estereotipada, hipersexualizada, em posições constrangedoras, tendo sua aparência sobrevalorizada. Muitas vezes, as propagandas mostram somente partes do corpo feminino: só os seios, só o bumbum, como se fosse um objeto desumanizado.

A Skol, famosa marca de cerveja que sempre enfatizou a mulher como objeto sexual em sua publicidade (traço comum nos comerciais de cerveja em geral), surpreendeu o mercado em 2017 com um novo posicionamento. Lançou campanha em que afirma que os comerciais que veiculou no passado não representam mais os valores da empresa. Convidou só artistas mulheres para fazer releituras de peças publicitárias antigas, apresentando, nas novas imagens, mulheres fortes e independentes, não objetificadas. Maria Fernanda de Albuquerque, então diretora de marketing da Skol, explica os novos rumos adotados:

> Toda vez que nos deparamos com peças antigas da Skol, que mostram posicionamentos distantes do que temos hoje, surge uma vontade de redesenhá-las e reescrevê-las. Então, percebemos que é possível fazer isso e o primeiro passo foi assumir o passado para mostrar a nossa evolução. Para legitimar ainda mais este momento, fizemos questão de dar espaço para mulheres dizerem como gostariam de ser representadas, fazendo essa releitura de pôsteres antigos. Queremos cada vez mais dar voz a quem defende o respeito. Amplificando e aprofundando ações que conversem com o posicionamento da marca. Não é apagar a história. Ela aconteceu, mas ficou no passado. E redondo é deixar para trás o que não te representa mais. (www.publicidadedecerveja.com)

A antropóloga Mirian Goldenberg afirma que, na cultura brasileira, o corpo da mulher é tido como um de seus principais capitais no mercado de trabalho, no mercado de casamento e no mercado sexual. Ela entrevistou mais de mil homens e mulheres de camadas médias cariocas, na faixa dos 40 e 50 anos, e alerta para as consequências que as brasileiras enfrentam por viverem em uma cultura que aprega o corpo feminino (jovem, magro, em boa forma, sexy) como seu maior capital. Retomando a imagem das princesas da Disney mais conhecidas no Brasil, as tradicionais eram sempre jovens, retratadas com corpos magérrimos, altas, brancas, esguias, com nariz afilado. Barbie, a famosa boneca americana, segue o mesmo modelo. Mas, recentemente, a Disney apresentou novas princesas que vão contra esse padrão corporal: Tiana, a princesa negra; Moana, a princesa de pele morena e nariz mais largo, que não é alta nem magérrima, filha do chefe de uma tribo da Oceania; Merida, a ruiva com longos e fartos cabelos cacheados; Elena, princesa latina de pele morena; Mulan, a princesa chinesa de olhos puxados. A própria Barbie e outras marcas de bonecas vêm apresentando maior diversidade nesse sentido, atendendo aos novos ventos culturais (e aos vários protestos que enfrentaram).

Como salienta Goldenberg, o corpo-capital feminino – magro, jovem, sensual, "em forma" – exige, normalmente, grande investimento financeiro, de tempo e trabalho na construção/manutenção da forma física. Para muitas, exige sacrifícios. No extremo, as brasileiras ocupam o segundo lugar no mundo como maiores consumidoras de cirurgias plásticas estéticas, perdendo apenas para as norte-americanas. Por aqui, a velhice da mulher é percebida de forma diferente da do homem. Cabelo grisalho no homem é charmoso, na mulher é feio, é desleixo (e tome tintura para "esconder a idade"!). Preenchimento facial, botox, maquiagem, alisamento de cabelo, vale tudo para conquistar o corpo-capital e ampliar seu valor no mercado. No livro *Executiva, a heroína solitária*, o autor Emerson Ciociorowski, na intenção de dar dicas para promover a ascensão profissional das mulheres, aconselha a futura executiva a cuidar da sua beleza pintando os cabelos! Segundo Goldenberg, as mulheres brasileiras que enxergam o corpo como principal capital vivem a fase do envelhecimento com muita angústia, em razão do que consideram perdas nessa área. Já as alemãs, também entrevistadas por ela, encaram essa fase da vida com foco nas conquistas intelectuais e profissionais, experimentando maior satisfação.

Pode-se afirmar que a mulher brasileira vive uma ditadura da beleza que, somada à postura passiva que se espera do gênero feminino nas conquistas amorosas (e profissionais?), favorece a competição entre as mulheres. Lembra-se da história da Cinderela? As irmãs tinham raiva dela porque era mais bonita. Assim, não queriam que fosse ao baile real, para que elas tivessem mais chances de ser escolhidas pelo príncipe. Esse comportamento de disputa entre mulheres, que foi durante muito tempo estimulado (e ainda é), precisa e começa a mudar. Hoje, nas redes sociais, surgem campanhas de solidariedade feminina em casos de estupro e outras violências contra a mulher, acompanhadas por *hashtags* como "Mexeu com uma, mexeu com todas" ou "Me too". O coletivo é o caminho para a mudança. Ou, como as feministas denominam atualmente, a sororidade – neologismo criado a partir da palavra latina *soror*, que significa "irmã", usada para falar de uma ética em que seja promovida a união e o apoio mútuo entre as mulheres.

Os resultados da pesquisa de Goldenberg confirmam várias dimensões dos estereótipos de gênero. A antropóloga perguntou às mulheres o que elas mais invejam nas outras mulheres. As respostas mais citadas foram o corpo e a beleza, sugerindo a sobrevalorização da estética como principal capital feminino. Em seguida, detalharam: os cabelos, seios, bunda, barriga, pele, dentes, pernas, cintura, olhos, boca etc. Também foram citadas: autoconfiança, autoestima, leveza, sensualidade, inteligência, capacidade de conciliar emprego e família etc. Quando foi perguntado aos homens o que invejam nos outros homens, eles citaram a inteligência, o poder, o dinheiro, o sucesso, o status, o corpo, a força física, a altura, os cabelos, o abdome sarado, o pênis grande, ser bom de cama e, por fim, "a mulher dele". Goldenberg também perguntou às mulheres o que mais invejam nos homens: a resposta mais citada foi a liberdade. Em seguida, "fazer xixi em pé". Também invejam a independência, a liderança, o salário, o sucesso, o dinheiro, a racionalidade, a frieza, a objetividade, a segurança, o egoísmo, a força, o humor, a simplicidade, a capacidade de não se envolver emocionalmente, de separar sexo de amor, de não sofrer por amor (como se eles não se envolvessem, como se não sofressem...). É interessante notar, aqui, a predominância de aspectos ligados ao mundo profissional. Elas ainda invejam o homem pelo fato de não menstruar, não ter cólica, não ter TPM, não ter menopausa, não se depilar, não ter celulite, não ter estrias, não engordar tão facilmente. Aqui, a sequência de "nãos" demonstra uma autopercepção negativa de aspectos do corpo feminino. Quando a pesquisadora perguntou aos homens o que invejam nas mulheres, quase todos disseram a mesma coisa. Você consegue imaginar o que foi? Pois a resposta foi: "nada". Nada. Uma possível conclusão apressada de que a mulher seria mais invejosa do que o homem não se sustenta, já que ambos manifestaram invejas diversas. O foco não é ser invejoso ou não. O que a fala dos homens indica é que nada do que é feminino é invejável na opinião deles. Ao menos, isso não pode ser admitido publicamente. Como ter inveja de algo considerado inferior pela sociedade?

No trabalho, a cultura machista cria muitos desafios extras para a ascensão profissional das mulheres. Certa vez, fui a uma entrevista de emprego em um programa de mestrado/doutorado para trabalhar como professora e pesquisadora. Na mesma instituição, meu coordenador da graduação, que acompanhava os resultados do meu trabalho havia alguns anos, achou que era válido me indicar para a vaga, e a coordenadora do programa me recebeu. Meu currículo, na época, já incluía um mestrado e dois doutorados em instituições prestigiadas, além de longa experiência profissional como professora de universidades de qualidade e como pesquisadora de uma cátedra da Organização das Nações Unidas para a Educação, a Ciência e a Cultura (Unesco). Na entrevista, a coordenadora examinou o meu currículo e, com ele nas mãos, a primeira pergunta que me fez foi: "Você é... 'amiga' do coordenador?". De formas diversas, esse tipo de preconceito é vivenciado constantemente por muitas mulheres em sua vida profissional. Têm sua competência posta em xeque pelo simples fato de serem bonitas ou jovens, ou mesmo por serem do sexo feminino. A situação narrada demonstra a internalização, pelas próprias mulheres, da cultura machista. É preciso vigilância constante nesse sentido. Não nos favorece, como grupo, reproduzir algo que nos prejudica. Quando expressam uma discriminação por gênero em relação a uma colega de trabalho, as mulheres a legitimam. Assume ares de opinião isenta, fidedigna, afinal, é uma mulher que está dizendo, ela sabe do que está falando! Claro que mulheres que vivem em uma cultura machista introjetam muitos valores machistas, incluindo a própria depreciação do seu gênero. Sendo assim, as mulheres podem sofrer e, ao mesmo tempo, praticar (ajudando a disseminar) a discriminação de gênero – muitas vezes, sem perceber. Claudia Sender conta que, no dia em que foi divulgada sua promoção a CEO da TAM, aos 39 anos, o site UOL publicou uma reportagem sobre o assunto:

> Saiu a notícia, tinha uma foto minha superproduzida e tal. [...] O primeiro comentário [de leitores no site] era assim: "essa seguramente fez o teste do sofá com o chefe". Aí, mulheres comentando: "eu tenho certeza que ela não tem filhos, não tem família", "essa mulher não tem vida e não sei o quê..."

Quem já teve a oportunidade de viver em uma sociedade mais igualitária talvez perceba com mais facilidade em quantos detalhes se manifesta a desvalorização da mulher na nossa cultura. Pode ser difícil, para mulheres e homens, reconhecer que discriminamos pessoas por serem do gênero feminino. Muitos de nós, nascidos e formados em uma cultura machista, possuímos esse viés de julgamento em algumas situações. Muitas vezes, de forma inconsciente. Como afirma Sheryl Sandberg, COO (diretora de Operações) do Facebook, "nossas ideias preconcebidas sobre a masculinidade e a feminilidade influem em nossas interações e avaliações dos colegas no local de trabalho"[30]. Porém, se você não reconhece seu próprio viés e acredita que suas percepções são isentas, não corrigirá suas tendências discriminatórias. É o que os cientistas sociais chamam de "ponto cego do viés". Fiquemos atentos à nossa possível parcialidade nesse sentido. Um estudo chamado "Constructed Criteria: redefining merit to justify discrimination" (Critério construído: redefinindo mérito para justificar a

---

30 SANDBERG, Sheryl. **Faça acontecer**: mulheres, trabalho e a vontade de liderar. São Paulo: Companhia das Letras, 2013, p. 188.

discriminação)[31] mostrou que, no decorrer de processos seletivos, critérios de julgamento foram redefinidos para favorecer candidatos homens. Na pesquisa, esse "favoritismo" não apareceu para beneficiar candidatas do sexo feminino de forma estatisticamente significativa. Para evitar esse tipo de viés discriminatório, empresas devem desenvolver avaliações e planos de carreira com critérios objetivos de performance, que evitem que a *expertise* das mulheres seja ofuscada por estereótipos de gênero. Os critérios precisam ser definidos *a priori* e comunicados com clareza, evitando que sejam alterados durante o processo para justificar a escolha de determinado candidato.

Outro exemplo de como esse enviesamento a favor do gênero masculino ocorre na prática é fornecido por uma pesquisa da empresa McKinsey[32], que mostra que homens têm mais chance de serem promovidos pelo que podem vir a fazer, ou seja, com base no seu suposto potencial, enquanto as mulheres tendem a ser promovidas apenas com base no que já fizeram de concreto pela empresa. Nos altos escalões da sua empresa há equidade de gênero? Se as mulheres não estão chegando ao topo, pode haver problemas nos critérios de promoção.

Além dos obstáculos institucionais, as mulheres ainda desenvolvem barreiras internas que as prejudicam. Estereótipos de gênero tornam-se profecias autorrealizáveis quando a mulher interioriza as expectativas e os limites que a sociedade lhe impõe, restringindo-se a posturas e comportamentos considerados "adequados" ao seu gênero. Ao introjetar estereótipos que nos fragilizam profissionalmente, podemos desenvolver inseguranças e culpas que levam a um autoboicote nessa área. Estudos mostram que os homens tendem a se candidatar para uma vaga quando acham que possuem 60% dos requisitos necessários a um bom desempenho, já as mulheres só o fazem quando acreditam possuir 100% das competências necessárias ao cargo[33]. Leila Velez explica o que ela chama de "barreira mental" nas mulheres:

---

31 UHLMANN, Eric Luis; COHEN, Geoffrey L. Constructed Criteria: redefining merit to justify discrimination. **Psychological Science**, 16, n. 6, p. 474-480, 2005.
32 McKinsey. **Women in the workplace**. In: https://womenintheworkplace.com/Women_in_the_Workplace_2017.pdf
33 LYNESS, Karen S.; SCHRADER, Christine A. Moving ahead or just moving? An examination of gender differences in senior corporate management appointments. *Gender & Organization Management*, 31, n. 6, p. 651-676, 2006.

> Essa coisa de a gente ficar se cobrando demais, "eu só vou falar se eu tiver a perfeição pronta", quando, na verdade, o homem vai, se mete à besta e fala. Às vezes, não está tão preparado para aquele desafio, mas se lança. E a gente, às vezes, fica naquela coisa de "não, espera aí, deixa eu ver se eu consigo mesmo ou não". A gente nunca está pronta, a gente está em construção eterna e vamos tentar, vamos fazer e a gente vai aprendendo ao longo!

Claudia Sender aceitou a presidência da TAM sem ser especialista do ramo da aviação. Mas confiava na sua experiência em gestão. Quando recebeu dos proprietários da empresa o convite para assumir o cargo, foi franca e deixou claro que não tinha experiência na área.

> Eu não sou a maior expert em aviação. Se o [Marco Antonio] Bologna estivesse procurando o maior expert em aviação do Brasil, ele com certeza não teria me contratado. E tem várias pessoas da nossa equipe hoje que não tinham a menor ideia do que era a aviação ou como funciona a aviação antes de vir para cá e que se superaram numa maneira que é lindo de ver. Adoro ver a equipe crescendo e se desenvolvendo. Eu acho que essa é uma das belezas do que a gente faz aqui todo dia.

Repare que, ao tomar a decisão de aceitar o cargo, Claudia Sender não focou apenas o que já sabia sobre o setor, os conhecimentos prévios, mas igualmente a sua experiência como gestora e, sobretudo, a sua capacidade de aprender. Sobre essa questão, fiquemos com a fala de Padmasree Warrior, ex-CEO da NIO US, sobre a lição mais importante que aprendeu com um erro cometido no passado:

> Recusei um monte de oportunidades quando estava começando, porque pensei: "Não é nisso que sou formada" ou "Não conheço essa área". Olhando para trás, a gente entende que, em certo momento, o que mais importa é a capacidade de aprender rápido e contribuir rápido. Uma coisa que eu digo às pessoas hoje é que você não vai se encaixar perfeitamente em nada se estiver procurando qual é a próxima grande coisa para fazer. Você tem de pegar as oportunidades e fazer com que uma delas se encaixe com você, e não o contrário. A capacidade de aprender é a qualidade mais importante que um líder pode ter. (*apud* SANDBERG, 2013, p. 53)

Em razão do sucesso de sua performance à frente da Latam, Sender é a única mulher que figurou entre os 34 melhores CEOs do Brasil em eleição feita pela *Forbes Brasil* em 2016.

Sheryl Sandberg conta que sempre que abria uma vaga no Google, onde ela trabalhou, sua sala se enchia de candidatos homens fazendo marketing pessoal, tentando convencê-la de que a vaga para o projeto ou cargo deveria ser deles. A executiva afirma que autopromoção nas mulheres é vista como defeito, e que isso precisa mudar: "O avanço na carreira muitas vezes depende de assumir riscos e defender a própria posição – traços que as moças são desestimuladas a mostrar. [...] Aceitar riscos, optar pelo crescimento, desafiar a nós mesmas e pedir promoção (com um sorriso no rosto, claro) são elementos importantes para gerir nossa carreira". Na mesma linha, Duda Kertész acredita que as mulheres, em geral, não brigam por cargos nas empresas. Ela conta que tinha essa postura mais passiva no início da carreira, mas que precisou lutar quando quis o cargo de CEO. Ela era vice-presidente e queria o cargo de presidente. Abriu a vaga, mas achava que não estava totalmente pronta. Era jovem, tinha 38 anos, e teria que enfrentar o desafio de bater na porta e dizer "eu quero, eu mereço". Kertész pondera que isso é mais difícil para as mulheres, criadas com a concepção de que é feio pedir, expressar seus desejos, correr atrás do que acha que merece. Isso tem reflexos nas relações afetivas e também no trabalho, com a dificuldade maior em pedir um aumento ou uma promoção, por exemplo. Por fim, Duda conta que passou por cima do orgulho e da vergonha e foi bater na porta da chefe para defender sua candidatura ao cargo. Além disso, ligou para outras pessoas envolvidas na decisão, incluindo seus ex-chefes nos Estados Unidos. Enfim, lutou pela posição, fez seu marketing pessoal e conseguiu o cargo almejado. Tudo isso porque rompeu com aquela postura de esperar que o reconhecimento venha naturalmente.

O depoimento de Kertész reafirma um traço cultural comum na socialização das meninas, já citado anteriormente: o estímulo a um comportamento mais recatado, com restrições a uma postura mais ativa na conquista dos seus desejos, enquanto os homens são estimulados desde cedo a arriscar, a tomar iniciativas. No âmbito profissional, essa postura passiva a que Kertész se refere como sendo comum às mulheres é o que se chama de "síndrome da coroa": espera-se que um dia seu trabalho apareça por si só, que sua competência seja reconhecida e você seja "coroada" (com promoções, aumentos etc.). Enquanto isso, homens são "entrões", se oferecem, defendem seu valor, pedem aumento, candidatam-se a cargos e posições de liderança. Sobre meritocracia no ambiente empresarial, Sheryl Sandberg ensina:

> Um dos grandes obstáculos é que muita gente acredita que o local de trabalho é em larga medida uma meritocracia, o que significa que olhamos os indivíduos, não os grupos, e pensamos que as diferenças de resultados estão baseadas no mérito, não no gênero. Os homens nos cargos mais altos muitas vezes nem se dão conta dos benefícios de que desfrutam simplesmente por serem homens, o que pode impedi-los de enxergar as desvantagens associadas ao fato de ser mulher. As mulheres em posições mais abaixo também acreditam que os homens acima têm o direito de estar lá em cima, de forma que tentam jogar segundo as regras e dão ainda mais duro para avançar na carreira, em vez de levantar questões ou expressar seus receios quanto à possibilidade de uma discriminação. Em decorrência disso, todos se tornam cúmplices da perpetuação de um sistema injusto. (SANDBERG, 2013, p. 186)

A lição é clara: não há meritocracia perfeita nas empresas e existe forte discriminação de gênero. Tratemos de encontrar estratégias para defender nossos próprios méritos e adotar uma postura mais ativa em relação às conquistas profissionais. No quarto capítulo, voltarei a esse ponto.

No meio desse ambiente inóspito para nós, a boa notícia é que, atualmente, vivemos uma primavera feminista no mundo, ou seja, vem ganhando força o movimento de pessoas que defendem e lutam pela igualdade de direitos e oportunidades entre mulheres e homens na sociedade. As mulheres vêm se unindo cada vez mais, conscientizando-se de que a saída é pelo coletivo, e se fazendo ouvir nas suas demandas em escala global. O debate sobre discriminação de gênero tem encontrado espaços e formas criativas de ampliação e vem ecoando nas empresas. A má notícia é que a ONU afirma que, se continuarmos nesse ritmo de mudanças, levará mais de cem anos para que se atinja a igualdade de oportunidades entre os gêneros no Brasil. É tempo demais. Isso quer dizer que temos que nos movimentar a respeito! E o que pode ser feito? Vamos analisar algumas estratégias de ação neste livro.

2. Basta mostrar competência

Uma das respostas que mais ouço quando pergunto (em sala de aula, palestras, treinamentos ou mesmo em conversas com colegas e amigos) se o meio empresarial é machista é: "Isso não existe. Basta a mulher demonstrar competência". Essa última afirmação é uma falácia muito nociva para o sexo feminino (e muitas vezes repetida pelas próprias mulheres).

Para esclarecer esse aspecto, vou me valer de alguns estudos. Pesquisadores da Universidade Yale fizeram um experimento social[34] muito revelador: enviaram 127 currículos idênticos para cientistas. Metade dos currículos foi com nome de homem e metade com nome de mulher. Era a única diferença entre eles. Supostamente, o dono do currículo estaria concorrendo a uma posição de gerente de laboratório. Pela análise curricular, os cientistas deveriam avaliar a competência do candidato e suas chances de ser contratado, além de explicitar uma perspectiva de salário e de investimento em mentoria. Você consegue adivinhar o que aconteceu? Pois é, o suposto candidato homem recebeu melhor avaliação em termos de competência, recebeu proposta de salário significativamente maior, com maior probabilidade de contratação e maiores investimentos em mentoria. Mas o currículo dele era idêntico ao da suposta candidata mulher! Essa é uma das pesquisas que confirmam que os estereótipos de gênero, ou seja, as ideias preconcebidas dominantes sobre o que caracteriza o homem e a mulher, afetam as avaliações profissionais em várias dimensões. Mesmo que inconscientemente. No exemplo citado, os homens contam com um favorecimento de percepção em relação ao potencial e à

---

[34] MOSS-RACUSINA, Corinne A. et al. Science faculty's subtle gender biases favor male students. **PNAS**, v. 109, n. 41, 2012.

competência que eles supostamente possuem a partir de determinada formação/experiência.

Outra pesquisa, feita na área musical, mostrou que a adoção do teste cego em processos de contratação de músicos apresenta resultados de 30% a 55% melhores para as mulheres[35]. Assim, podemos concluir que a percepção de competência não tem só a ver com a... *competência* do sujeito observado. Estereótipos de gênero afetam expectativas, percepções e julgamentos. E, mais uma vez, a balança profissional pende para o lado dos homens, favorecendo-os pelo simples fato de serem do sexo masculino. Na cultura machista em que vivemos, eles são tidos como mais inteligentes, mais competentes, mais equilibrados e mais adequados aos cargos de liderança.

No papel de líderes, as mulheres enfrentam um ônus duplo: se elas apresentam características associadas aos homens, como competitividade e agressividade, são vistas como masculinizadas, e por isso não adequadas e antipáticas. Se possuem características consideradas femininas, como emotividade e sensibilidade, podem passar uma imagem de fraqueza não adequada à liderança. Regina Madalozzo, coordenadora do Núcleo de Estudos de Gênero do Insper, acredita que a visão ainda predominante no meio empresarial é de que as mulheres não têm o que é necessário para um cargo de CEO:

> Se ela é comunicativa e pede muita opinião, é considerada "soft" demais. Mas se ela tiver um perfil mais agressivo, falar de maneira mais firme, ela é agressiva demais. Há uma avaliação muito mais dura de comportamento das mulheres em relação ao dos homens[36].

Traços associados ao gênero feminino tradicionalmente são percebidos de forma negativa em avaliações profissionais – em mulheres ou homens, o que nos mostra quanto esse jogo é desequilibrado para as mulheres. Mas isso começa a mudar. Como veremos mais adiante, novas teorias de liderança ressaltam a valorização de características tidas como femininas, como a

---

35 GOLDIN, Claudia; ROUSE, Cecilia. Orchestrating impartiality: the impact of "blind" auditions on female musicians. **American Economic Review**, v. 90, p. 715-741, 2000.
36 https://veja.abril.com.br/economia/das-200-maiores-empresas-do-brasil-apenas-tres-tem-uma-mulher-no-comando/

empatia, a preocupação com o bem-estar e o desenvolvimento dos outros, para a construção de uma liderança eficaz. Sobre isso, Luiza Trajano afirma:

> Acredito, inclusive, que a economia contemporânea esteja mais voltada para as mulheres. Hoje, as empresas precisam da capacidade de ensinar, interagir, educar, relacionar-se e trabalhar em equipe. Somos sempre muito mais incentivadas que os homens a desenvolver todas essas características. Claro que ainda há uma grande pressão para que a gente assuma comportamentos tipicamente masculinos para exercer o poder. Mas é preciso vencer essa imposição, assumir a feminilidade em cargos de chefia e mostrar que é possível ser tão – ou mais – competente sem adotar os padrões convencionais de administração, feitos por homens e para homens. A diversidade é fundamental. As mulheres que confiam em seu próprio poder, conhecimento, estilo e personalidade conseguem resistir a essa pressão. A insegurança, como bem apontou Sheryl Sandberg, é uma barreira interna que as mulheres precisam superar para se desenvolver no trabalho[37].

No ambiente profissional (mas não só), as mulheres são prejudicadas pelo chamado duplo padrão de julgamento. As mesmas características pessoais costumam ser julgadas de forma diferente em homens e mulheres. Por exemplo, um chefe enérgico, incisivo, competitivo pode até ser bem-visto, tido como um líder forte. Já uma mulher com as mesmas características se desvia do comportamento esperado para o seu gênero, gerando, com mais frequência, antipatia e reações negativas: é nervosa, chata, agressiva, descontrolada. Sheryl Sandberg fala de sua experiência:

> Quando uma mulher se destaca no trabalho, os colegas de ambos os sexos vão dizer que ela até pode estar fazendo grandes coisas, mas "não é muito estimada por seus pares". Provavelmente também dirão que é "agressiva demais", "não sabe trabalhar em equipe", é "muito política", "não dá para confiar nela", é uma pessoa "difícil". Pelo menos são as coisas que dizem sobre mim e sobre quase todas as mulheres em altos cargos que conheço. [...] Esperamos mais gentileza das mulheres e podemos nos zangar quando elas não atendem a essa expectativa". (SANDBERG, 2013, p. 59 - 204)

---

[37] TRAJANO, Luiza. Prefácio. In: SANDBERG, Sheryl. **Faça acontecer**: mulheres, trabalho e a vontade de liderar. São Paulo: Companhia das Letras, 2013.

Sobre essa questão, Flynn e Anderson, professores das universidades de Columbia e New York, respectivamente, fizeram um estudo que se tornou referência. Estudantes foram divididos em dois grupos e a todos foi dado o mesmo estudo de caso, produzido pela Escola de Administração de Harvard, sobre a trajetória real de uma empresária chamada Heidi Roizen[38]. O estudo descreve a ambição profissional de Heidi, sua dedicação à carreira e o sucesso que obteve na área de investimentos de risco, enfatizando sua personalidade extrovertida e a habilidade para construir uma vasta e poderosa rede de contatos. Metade dos alunos recebeu o caso com o nome real de Heidi, e a outra metade recebeu o mesmo caso, mas com o nome da protagonista trocado para um nome masculino: Howard. Depois, os estudantes revelaram suas percepções sobre o personagem principal do caso que haviam lido. Como o texto era idêntico, as impressões sobre Heidi e Howard deveriam ser muito similares, não é mesmo? Mas não foram. Ao tomar contato com o relato de realizações profissionais tão expressivas, os alunos classificaram Heidi e Howard como profissionais altamente competentes. Porém, no campo pessoal, Howard recebeu avaliação muito melhor do que Heidi. Os estudantes consideraram que Howard seria um colega de trabalho agradável. Mas Heidi foi classificada como egoísta e não se encaixou no tipo de pessoa que você contrataria ou para quem sentiria vontade de trabalhar. Ou seja, trocando apenas o sexo do personagem, as impressões sobre as mesmas características pessoais se tornaram bastante diferentes. Ao comentar sobre esse estudo, Sandberg pontua:

> Quando um homem é bem-sucedido, homens e mulheres gostam dele. Quando uma mulher é bem-sucedida, ambos os sexos não gostam tanto dela. É um fato ao mesmo tempo chocante e esperado: chocante porque ninguém jamais admitiria estereotipar com base no sexo; esperado porque é evidentemente o que fazemos. Décadas de estudos em ciências sociais confirmam o que o caso Heidi/Howard demonstra de modo tão nítido: avaliamos as pessoas com base em estereótipos (sexo, raça, nacionalidade, idade, entre outros). Em nosso estereótipo dos homens, eles são os provedores, decididos e motivados. Em nosso estereótipo das mulheres,

---
[38] McGINN, Kathleen; TEMPEST, Nicole. **Heidi Roizen**. Boston: Harvard Business School Publishing, 2009.

> elas são as protetoras, sensíveis, que pensam nos outros. Como caracterizamos os homens e as mulheres em mútua oposição, a realização profissional e todas as características associadas a ela são postas na coluna masculina. Por se concentrar na carreira e adotar uma abordagem calculada para acumular poder, Heidi transgrediu nossas expectativas estereotipadas das mulheres. Já Howard, conduzindo-se exatamente da mesma maneira, atendia às expectativas estereotipadas dos homens. Resultado? Gostaram dele, não gostaram dela. Acredito que este viés discriminatório está no próprio cerne da razão pela qual as mulheres se refreiam. Para os homens, o sucesso profissional ganha um reforço positivo a cada passo do processo. Já as mulheres, mesmo quando suas realizações são reconhecidas, costumam ser vistas a uma luz desfavorável. (SANDBERG, 2013, p. 58 - 59)

Quando peço aos meus alunos de Administração que apontem as causas do baixíssimo percentual de mulheres em cargos de CEO no Brasil e no mundo, ouço respostas curiosas, como: "O homem tem naturalmente mais pulso firme para liderança"; "Um homem assim, de terno, passa muito mais credibilidade do que uma mulher". Parece absurdo? No entanto – pense bem –, ainda hoje, um homem de terno, para muita gente, passa mais confiança como líder do que uma mulher (seja com que roupa for). Ambas as respostas citadas refletem uma ideia de liderança associada à masculinidade.

Em relação aos executivos de sucesso, as representações sociais ainda apontam para homens líderes admirados x "mães negligentes com a pastinha na mão", para usar a expressão de Sandberg. Desde sempre, recebemos reforços culturais nesse sentido: homens são talhados para trabalhar, competir e perseguir a liderança, mulheres são ensinadas a cuidar, a proteger. Se a mulher recusa esse papel de boazinha e altruísta, isso incomoda, desagrada. Quando encontrarmos resistência nesse sentido, podemos nos lembrar do *feedback* que Mark Zuckerberg deu a Sheryl Sandberg na primeira reunião de avaliação que tiveram no Facebook. O CEO do Facebook disse a ela que a vontade de ser apreciada por todos a refreava, e que, quando se quer mudar as coisas, não dá para agradar todo o mundo. Quando agrada a todos, é porque você não está avançando como deveria.

Sylvia Coutinho conta que precisou abrir mão de ver inúmeros eventos dos filhos em razão do tempo dedicado ao trabalho. Ela teve a sorte de ter a sogra filmando esses momentos e brinca que seu programa na aposentadoria será ver todos os filmes. Certamente, não foi uma escolha fácil para ela. O estigma social da mãe que trabalha e abandona os filhos é enorme. Em reportagens com mulheres que assumem cargos importantes em empresas, a questão da organização das rotinas familiar e empresarial é frequente. Já em reportagens com executivos, essa questão simplesmente não aparece. Não realizar a dupla jornada já é uma afronta ao papel social esperado de mãe e esposa. O caso de Marissa Mayer é emblemático. Quando foi convidada para o cargo de diretora executiva do Yahoo, em 2012, estava grávida. Assumiu o posto no último trimestre da gravidez, decidiu tirar uma licença-maternidade de poucas semanas e retornou ao trabalho. Em relação à amamentação, Marissa fez uso da tecnologia, armazenando o leite materno necessário para a alimentação da criança. Ainda assim, recebeu uma enxurrada de críticas: "que péssima mãe", "que exemplo negativo para as mulheres". Até que, em meio ao bombardeio, a jornalista Klara Swisher destacou o óbvio: a Marissa é casada e a criança tem um pai que pode cuidar dela! Por que ninguém se lembrou do marido da executiva? Por que essa cobrança só recai sobre a mãe? É importante que não julguemos as escolhas umas das outras. É péssimo reforçar estereótipos que nos prejudicam, associando às executivas a imagem de mãe desnaturada, egoísta, que não cuida bem dos filhos. Trata-se de uma cilada, já que clamamos por igualdade de oportunidades para ambos os sexos.

Os estereótipos associados aos gêneros trazem vários entraves à ascensão profissional da mulher. Um deles é o abismo na ambição de liderança. Em pesquisa sobre o tema, a McKinsey entrevistou 4.000 funcionários de 14 grandes empresas para analisar o nível de ambição de homens e mulheres em ocupar cargos de liderança na carreira. Resultado: 36% dos homens almejavam se tornar diretores executivos, contra 18% das mulheres[39]. As causas desse descompasso são múltiplas. É importante

---

39 BARSH, Joanna; YEE, Lareina. **Unlocking the full potential of women at work**. McKinsey & Company, abril de 2012. Disponível em: https://www.mckinsey.com/~/media/McKinsey/Business%20Functions/Organization/Our%20Insights/Unlocking%20the%20full%20potential%20of%20women%20at%20work/Unlocking%20the%20full%20potential%20of%20women%20at%20work.ashx.

compreender que o "desejo de exercer liderança é, em larga medida, um traço culturalmente criado e consolidado", com forte influência da socialização primária, sobretudo na escola e na família. Meninos e meninas são educados de forma diferente. Trabalhar e alcançar o sucesso profissional é a expectativa social dominante para eles. Para elas, não. As mulheres são menos estimuladas a almejar cargos mais altos. Sheryl Sandberg nos lembra:

> Desde muito cedo, os meninos são estimulados a se encarregar de alguma coisa e dar suas opiniões. [...] A ambição profissional é algo esperado para os homens, mas opcional – ou, pior, às vezes até algo negativo – para as mulheres. "Ela é *muito* ambiciosa" não é um elogio em nossa cultura. Mulheres agressivas e que jogam duro transgridem regras tácitas de conduta social aceitável. Os homens são constantemente aplaudidos por serem ambiciosos, poderosos, bem-sucedidos, ao passo que as mulheres com as mesmas características costumam pagar um preço social por isso. As realizações femininas custam caro. (SANDBERG, 2013, p. 31-35).

Resumindo: se desejamos atingir o topo em nossas carreiras, nós temos que ir contra as expectativas sociais e enfrentar barreiras de gênero por isso. Já os homens vão a favor do vento.

Famílias que quebram esses estereótipos contribuem muito para a carreira das filhas. Há casos marcantes entre as nossas entrevistadas. O pai de Sylvia Coutinho, empresário, elegeu-a desde cedo como principal interlocutora para assuntos de negócio. Ele trabalhava na área imobiliária e conversava mais sobre assuntos financeiros com a filha do que com o filho. Além disso, a executiva tinha modelos femininos fortes: uma mãe empreendedora e uma avó "incrível". Sendo assim, ela nunca internalizou a ideia de que não poderia fazer determinadas coisas somente por ser menina.

Um caminho para a quebra dos estereótipos de gênero na formação das filhas (e dos filhos também) são as mães que trabalham fora e obtêm êxito no que fazem. Assim, inspiram suas filhas com outras possibilidades para a trajetória da mulher na sociedade. Uma recorrência entre as executivas que entrevistei foi a existência dos modelos maternos no campo profissional. A mãe de Sonia Hess, dona Adelina, é um exemplo impressionante: empreendedora, criou a empresa Dudalina, ao mesmo tempo que participava ativamente da criação dos dezesseis filhos. O pai, seu Duda, era poeta. Ajudava a mãe na empresa, mas quem estava à frente do negócio era a matriarca. Na família de Luiza Trajano, as mulheres também eram comerciantes. Logo, a empresária não precisou romper determinadas barreiras para se lançar no mundo profissional, pois já tinha os modelos femininos familiares e o local de trabalho. Ela conta: "A minha tia é uma grande inspiração minha, porque ela é uma grande empreendedora". Sua tia foi a fundadora do Magazine Luiza. É interessante notar que, na geração das mães/tias de Sonia e Luiza, poucas mulheres trabalhavam fora de casa.

O trabalho remunerado considerado adequado para "moças de boa família" era o de professora. Com a carga horária menor e flexível, ainda podiam se dedicar aos cuidados com a casa e a família. E assim iniciava-se a dupla jornada feminina. Para Sonia e Luiza, o modelo feminino familiar rompia com o padrão dominante na época, já que suas matriarcas foram empreendedoras no ramo do comércio. Na opinião das duas, isso foi um fator bastante importante para que tenham se tornado executivas bem-sucedidas. Sonia Hess revela que, em sua casa, a mãe acumulava o papel de provedora com o trabalho doméstico e os cuidados com o marido e os dezesseis filhos:

> Minha mãe fez a fábrica. Não tinha energia [na cidade], ela foi e comprou um gerador. Em tudo, ela estava sempre à frente do seu tempo. Em vez de reclamar – energia caía, né? Fábrica com máquina de costura numa cidade que não... Até hoje é uma cidade pequena –, para tudo ela tinha uma elegância nas soluções. Ela era muito rigorosa com ela e com os outros, mas tinha um amor profundo pelo meu pai. Então, assim, meu pai nunca foi provedor, nunca. Eu falo que meu pai nunca me deu presentes físicos, mas o meu pai deu poesias e as poesias eu tenho até hoje. Porque ele nunca tinha dinheiro, meu pai era um duro, né? Então, ele nunca foi provedor, mas nem ela cobrava dele que fosse o provedor e nem ele ficava chateado de ela ser a provedora. Meus pais foram muito generosos na relação. Ele num entendimento dela como uma líder, uma empreendedora, cuidadora dos filhos, e ela olhando ele não como provedor, mas como o grande companheiro, o grande parceiro de jornada da vida. Eram um casal muito interessante, os dois. Mesmo com essa

> cambada de filhos, eles nos deram essa segurança de cuidar da gente e ao mesmo tempo empreender, entendeu? A minha mãe era a razão e meu pai era absoluta emoção. A gente [Sonia e o pai] ficava lendo poesia, a gente conversava coisas da alma... E ela [a mãe], não: 'Quanto vendeu?'. Então, foi uma vida muito interessante, uma educação muito especial a nossa.

Essa quebra no que é tradicionalmente esperado da mulher (casa, emoção) e do homem (trabalho fora, razão) também se vê no tipo de presente que dona Idalina, mãe de Sonia Hess, dava aos seus dezesseis filhos: era sempre o mesmo para todos, homens e mulheres, fosse uma sala em um prédio comercial ou algum utensílio doméstico.

Na família de Sonia, o trabalho era um valor, doméstico ou na loja. Todos ajudavam: mãe, pai, filhos e filhas. Sonia começou cedo no comércio e era a melhor vendedora da loja da mãe. Ela ia para Camboriú no dia 26 de dezembro e voltava para casa em março, quando as aulas começavam. Nas férias, desde os 8, 9 anos, Sonia trabalhava todos os dias, e adorava o que fazia. Segundo ela, foi um aprendizado de vida único.

Luiza Trajano também começou como vendedora bem nova, aos 12 anos, na loja da mãe. Seu objetivo era juntar dinheiro nas férias e poder comprar presentes para as pessoas queridas. Ela aprendeu, desde criança, que o trabalho trazia recompensas e que o feminino podia pertencer também à esfera profissional. Talvez isso tenha ajudado a formar, além da empresária de sucesso, uma mãe sem muitas culpas em relação aos filhos, que é como ela se define. O sentimento de culpa é uma barreira interna significativa para muitas mulheres, dificultando sua trajetória profissional. Como Luiza conseguiu lidar bem com isso? Ela explica:

> Algumas coisas me ajudaram: primeiro, eu morava em uma cidade do interior quando os meus filhos eram pequenos. Então, eu levava na escola de manhã. Depois, eu não levava mais, mas almoçava na minha casa. Era tudo mais fácil. Segundo, **eu tive um marido que colaborou, que não competiu, que não cobrou**. Mas o mais importante eu acho que foi o papel da minha mãe, porque quando eu tive filho e trabalhei pra fora, ela falou: "Minha filha, não tenha culpa. Tem mãe que fica em casa e tem filhos ótimos e tem mãe que fica em casa e tem filho péssimo; tem mãe

> que sai para fora e tem filho ótimo, tem mãe que sai pra fora e tem filho péssimo". Não tem receita, é bom senso. Filho é uma pessoa que cutuca a tua culpa desde pequenininho. É o resto da vida. Quando a gente não pega a culpa, eles aprendem a lidar melhor com isso. Então, eu acho que o melhor para mim é não pegar a culpa. [Grifo meu]

Leila Velez conta que já sentiu muita culpa, mas foi lidando melhor com ela. Aprendeu a mostrar para os filhos o sentido maior do trabalho, já que é ele que amplia suas possibilidades de ser um agente de transformação social (fazer o bem, alavancar a vida das pessoas). Também sempre procurou mostrar a eles tudo que o trabalho podia proporcionar à família (viagens, estudos etc.). Leila percebeu que ter uma mãe executiva é um exemplo poderoso para a formação dos filhos, que aprendem a ser pessoas mais fortes e a lidar com o tempo, dando valor ao tempo possível com a mãe.

Paula Bellizia viveu uma cena marcante com o filho pequeno, que esperou por ela um dia chorando e cobrando uma presença maior em casa. Ele tinha 9 anos na época. Paula chegou em casa, abriu a porta e ele estava chorando, reclamando que a mãe nunca estava em casa. Paula deixou as coisas na porta, sentou-se com ele no chão e explicou quanto gostava do trabalho, reafirmando que não iria deixar de trabalhar. Então perguntou para ele como, juntos, poderiam melhorar a situação, quais os momentos em que ela mais fazia falta, em que ele fazia questão que ela estivesse. E foram chegando a alguns acordos. Sua reação foi firme, sensível e proporcionou uma grande lição. Com sua escuta ativa, Paula soube aproveitar a situação para conhecer melhor o filho, entendendo em quais momentos a presença dela era mais importante na opinião dele. Passou a acompanhá-lo no futebol de sábado de manhã e nas coisas que ela sabia que ele gostava mais de fazer. Hoje, a executiva experimenta uma consequência positiva de ter se dedicado também à carreira: tem a felicidade de ver o filho adolescente expressar nas redes sociais o orgulho que sente do trabalho da mãe.

Angela Brandão também descobriu efeitos positivos para os filhos da sua escolha profissional, como nos conta a seguir:

> Quando eu assumi [o cargo de diretora da Secom], minha filha era muito pequena e meu filho tinha 5 anos. Meu marido precisou ficar mais presente com ele. Eu colocava a minha filha para dormir e meu marido... E aí teve um dia que me comoveu, foi uma bobagem. Nosso cartão já tinha sido clonado, uma ou duas vezes, então eu recebo avisos no celular. Um dia, de repente, recebo uma mensagem de compra na Renner. Aí eu pensei: "Clonaram meu cartão!". Liguei para o meu marido: "Olha só, acabei de receber uma notícia aqui de uma compra na Renner". Aí ele: "Fui eu! Nosso filho estava com umas bermudas tão velhas, que eu passei na hora do almoço para comprar bermuda". Cara, parecia uma bobagem, mas, para mim, foi assim, aquilo que eu que fazia sempre, essa microgerência de "Pô, já está muito velha essa roupa...", e ele foi na hora do almoço do trabalho dele na Renner e comprou bermudas pro nosso filho. O fato de ele ter percebido que estavam faltando bermudas e não eu, o fato de ele ter tomado a iniciativa, e não eu, mostrava que a gente meio que estava ombreando isso realmente mais de igual para igual do que antes. Então, o efeito colateral positivo desse baque, que foi o primeiro ano [no cargo de gestão], foi que o meu filho pode até ter perdido um pouco de quantidade de tempo com a mãe, mas ele tinha ganhado muito em qualidade do pai.

Assim, ao mesmo tempo, quebraram-se dois estereótipos de gênero no núcleo familiar de Angela. No futuro, a tendência é que as famílias dos filhos dela se beneficiem desses novos parâmetros. Uma pesquisa liderada por Kathleen L. McGinn, professora de Administração de Empresas na Harvard Business School[40], buscou identificar os impactos de ter sido criado por uma mãe que trabalha dentro e fora de casa sobre o comportamento dos filhos, tanto na esfera profissional quanto doméstica. Para isso, foram utilizados dados de mais de cem mil homens e mulheres de 29 países. No campo profissional, o estudo concluiu que mulheres que foram criadas por mães que possuíam emprego fora de casa têm maiores chances de trabalhar, conquistar cargos de liderança e ganhar salários mais altos do que aquelas que foram criadas por mães que ficaram em casa entre 0 e 14 anos de idade dos filhos. Na esfera

---

40 McGINN, Kathleen L.; CASTRO, Mayra Ruiz; LINGO, Elizabeth Long. Learning From Mum: Cross-National Evidence Linking Maternal Employment and Adult Children's Outcomes. **Work, Employment and Society**. April 30, 2018.

doméstica, homens criados por mães que trabalham fora dedicam mais tempo a tarefas domésticas e aos cuidados com filhos e outros membros da família, enquanto mulheres criadas por mães trabalhadoras se dedicam menos tempo às tarefas domésticas. Segundo Kathleen, "Há muito poucas coisas, das que nós sabemos, que têm um efeito tão claro sobre a **desigualdade de gêneros** como ser criado por uma mãe que trabalha". Vários estudos confirmam essa ideia. Seguem alguns exemplos em nota de pé de página, caso você queira se aprofundar no assunto[41].

Ao tratarmos de estereótipos de gênero, precisamos falar de uma barreira interna bastante significativa: é comum que as mulheres interiorizem a desvalorização do seu gênero e o *status* inferior em relação ao gênero masculino. A insegurança profissional resultante é uma barreira interna que precisa ser vencida. Para isso, é fundamental conhecer os mecanismos culturais que discriminam a mulher e desenvolver vigilância constante contra sua internalização. Além, é claro, de cultivar coragem para desafiar os padrões. Se você agir contra os comportamentos sociais esperados e legitimados para o seu gênero, muito provavelmente vai enfrentar pressões e críticas. Mas, sem isso, como mudar uma cultura que nos prejudica? Como achar nosso lugar ao sol, para além do que a sociedade machista nos reserva? No quarto capítulo, voltarei a esse tema, abordando estratégias de superação para as barreiras de gênero.

---

41 STINSON, M.H.; GOTTSCHALK, P. Is there an advantage to working? The relationship between maternal employment and intergenerational mobility. In: CAPPELLARI, L.; POLACHEK, S.W.; TATSIRAMOS, K. (eds). **Inequality**: Causes and Consequences (Research in Labor Economics, v. 43), 2016. Bingley: Emerald Group Publishing Limited, 355-405. CUNNINGHAM, M. Parental influences on the gendered division of housework. **American Sociological Review**. 66(2): 184-203, 2001. GUPTA, S. The consequences of maternal employment during men's childhood for their adult housework performance. **Gender & Society**. 20(1): 60-86, 2006.

CAPÍTULO 2

BARREIRAS DE GÊNERO NO MUNDO CORPORATIVO

1. A dupla jornada

Uma das principais barreiras externas à escalada profissional da mulher chama-se dupla jornada. A maior parte das mulheres que trabalham fora tem dois trabalhos: um remunerado e um não remunerado. Dentro e fora de casa. Não apenas a sociedade não valoriza os trabalhos não remunerados, como, muitas vezes, a gerência da casa, dos funcionários (quando há) e os cuidados com os filhos não são nem considerados trabalho. Segundo o IBGE, a jornada das mulheres em casa – de 21 horas e 12 minutos por semana, em média – é mais que o dobro da dos homens (como mostram os resultados da Pesquisa Nacional por Amostra de Domicílios – PNAD – 2014[42]). Essa sobrecarga feminina atinge todos os níveis de escolaridade quase da mesma forma. Um estudo da economista do IBGE Cristiane Soares comprova que, com o casamento, aumenta o tempo das mulheres dedicado aos afazeres domésticos, enquanto o dos homens cai pela metade[43]. Ou seja,

---

42 https://ww2.ibge.gov.br/home/estatistica/populacao/trabalhoerendimento/pnad2014/default.shtm
43 https://oglobo.globo.com/economia/que-horas-ele-chega-mulher-trabalha-cada-vez-mais-que-homem-18718278

casamento é sinônimo de mais trabalho não remunerado para a mulher, e muito menos para os homens. Bom negócio para eles, não é mesmo? Ganham mão de obra gratuita e sempre disponível para os cuidados com a casa e os filhos. A PNAD de 2015[44] apontou que, dos 10,3 milhões de crianças brasileiras com menos de quatro anos, 83,6% tinham como primeiro responsável uma mulher (mãe, mãe de criação ou madrasta).

Uma casa, como uma empresa, precisa de gestão. E gerenciar exige tempo, energia física, mental, psicológica e emocional. Quando se tem filhos e/ou empregados domésticos, então, essa função se torna ainda mais intensa. Administrar uma casa é um trabalho como outro qualquer, só que não remunerado.

Agora, imagine uma mulher e um homem, um casal, ocupando cargos similares em suas respectivas empresas, o que consome em média dez horas do dia de cada um. A diferença é que, quando chegam em casa, o homem se senta no sofá para descansar, armazenar energia para o dia seguinte de trabalho, aproveitar o seu ócio criativo como quiser, ter boas ideias para a empresa etc. Enquanto isso, a mulher dá sequência à sua dupla jornada de trabalho (ou tripla, quando tem filhos), dedicando-se a atividades como: fazer/gerenciar compras e cardápios da semana/mês, colocar roupa para lavar, acompanhar e solucionar a depreciação da casa, treinar empregados domésticos, planejar as atividades destes, orientando-os a respeito e fazendo o acompanhamento dos resultados, resolver demandas escolares, pessoais e emocionais dos filhos, dar banho nas crianças, arrumar, dar comida, colocar para dormir etc. Eventualmente, o homem "ajuda", dentro das suas possibilidades, conforme a sua vontade e nível de cansaço. Mas, tradicionalmente, a responsabilidade, a obrigação pela gerência da casa e da vida dos filhos é da mulher. Além de tudo isso, durante o dia, enquanto o homem se dedica 100% à empresa, qualquer problema ou demanda da casa, dos filhos ou dos empregados domésticos que apareça em pleno horário comercial recai normalmente sobre a mulher. Agora me diga, se compararmos a situação nada incomum desse casal, a busca de ascensão profissional lhe parece equilibrada entre os sexos? O jogo é justo para as mulheres?

---

44 **PNAD 2015 – Aspectos dos cuidados das crianças de menos de 4 anos de idade**. IBGE, 2015.

Na nossa sociedade, a responsabilidade por cuidar da casa e dos filhos é vista como uma obrigação "natural" da mulher, já que supostamente harmoniza com as suas características biológicas. Essa confusão entre natureza e cultura é muito usada para reforçar uma divisão do trabalho doméstico benéfica aos homens. Cuidar dos filhos, varrer, arrumar a casa, lavar a louça, cozinhar seriam tarefas que "combinariam" mais com a natureza das mulheres. Por quê? O que a biologia feminina tem que a masculina não tem, a ponto de impedir os homens de dividir igualmente essas tarefas? Nada. Brincar com criança, trocar fralda e dar banho é feminino? Treinar e gerenciar empregados domésticos é feminino? Por quê? Fora a amamentação (que hoje ainda conta com o recurso das bombas de tirar leite), o que mais a natureza masculina comprovadamente não é capaz de fazer? Na Suécia, país em que os homens são obrigados a tirar no mínimo três meses dentro da licença parental concedida ao casal, eles parecem estar se saindo muito bem nos cuidados com a casa e os filhos.

Muitas vezes, tenho a impressão de que a nossa sociedade ainda não percebe (ou não admite?) o tamanho e a gravidade da dupla jornada como obstáculo ao sucesso profissional da mulher. Cuidar da casa e dos filhos é extremamente cansativo. Demanda energia física, emocional, psicológica. Gera estresse, ansiedade, medo. Gera tensão no casamento. Para quem trabalha fora de casa também, essa dupla ou tripla jornada torna-se uma forte desvantagem, no campo profissional, em relação a homens que pouco se responsabilizam pelo trabalho doméstico. Mulheres precisam dividir seu tempo e sua energia entre dois trabalhos: dentro e fora de casa. Homens casados que desfrutam do trabalho doméstico não remunerado da esposa (ou seja, têm, a seu dispor, uma gestora, empregada, babá, governanta qualificada, de confiança e gratuita) podem se dar ao luxo de concentrar todo o seu tempo e energia no trabalho fora de casa. Em termos de mercado, isso significa uma ampla vantagem competitiva em relação ao outro sexo. Quase imbatível.

A mulher casada e/ou com filhos que tem ambições profissionais se encontra no seguinte dilema: o profissional ideal deve demonstrar disponibilidade e dedicação total ao trabalho, a mãe/esposa ideal deve demonstrar disponibilidade e dedicação total à família. Angela Brandão conta como vivenciou essas questões ao assumir o cargo de diretora de Comunicação do Senado:

> No primeiro ano foi muito difícil, foi brabo. É um sentimento de *failure*, de insuficiência permanente. A gente fica se sentindo insuficiente. Como você coloca a barra, se comparando, você está olhando para o lado e está todo mundo te cobrando implicitamente essa postura. Você está lá correndo, você tem uma reunião e todos os outros diretores [homens] de confiança do presidente estão lá às nove da noite, mas, cara, você tem *mamá* para dar para a sua filha, me desculpe aí. Teve um dia para mim que foi emblemático, nos primeiros quatro meses, que eu estava literalmente discutindo no celular, respondendo uma coisa estratégica e urgente da Comunicação junto à presidência, com a minha filha no peito, ela estava mamando, e enquanto ela fazia isso, eu estava recortando o dever de casa do meu filho, que tinha cinco anos, que vinha a ser um dever de casa do tipo: "ache figuras"... Aquelas coisas que a criança não faz sozinha. Aí, o dever dele chega "porcão", não igual ao daquela mãe que contornou, fez florzinha. Aquele troço está colado e tchau! E tua filha, que está mamando, não tem comparação com aquela mãe que ouve música clássica enquanto a filha mama. Então você está insuficiente no trabalho, insuficiente no filho mais velho, insuficiente no filho mais novo, insuficiente no seu peso... Até achar esse ponto de equilíbrio em que você consegue falar "tá, é aqui que eu chego", e se admitir... Eu acho que o machismo no Brasil passa muito por isso, a gente não pode "embarangar", é muita cobrança do ponto de vista social, da sua estética, da sua beleza, da sua simpatia, de você ser esposa, mas também é uma cobrança de você ser mãe.

A sensação de *failure* a que Angela se refere, de estar falhando, vem porque você acaba se comparando com quem está 100% dedicado em cada extremo: há os homens que se dedicam inteiramente ao trabalho (pois pouco dividem o trabalho doméstico/familiar com a esposa), há a dona de casa empenhada exclusivamente nos cuidados com a casa e a família, há a mulher que se dedica prioritariamente à sua estética corporal, enfim... Angela, como tantas outras, está lá no meio, tentando equilibrar vários pratos ao mesmo tempo. O sentimento de equilíbrio e realização consigo mesma que a jornalista conseguiu desenvolver mostra que ela não se prende mais a modelos inatingíveis de perfeição feminina, ao mito da supermulher que tanto nos prejudica. Sheryl Sandberg ajuda a refletir a respeito:

> "Ter tudo." Talvez a maior armadilha de todos os tempos para as mulheres tenha sido a criação dessa expressão. Espalhadas em discursos, manchetes e artigos, essas duas palavrinhas pretendem ser estimulantes, mas, na verdade, deixam todas nós com a sensação de ter falhado. [...] Todas fazemos escolhas constantes entre trabalho e família, entre se exercitar e descansar, entre conceder tempo aos outros e tirar tempo para nós. Ter filhos significa fazer concessões, ajustes e sacrifícios diários. [...] Tentar fazer tudo e esperar que tudo saia perfeito é receita certa para a decepção. A perfeição é a inimiga. Gloria Steinem disse bem: "Você não consegue fazer tudo. Ninguém consegue ter dois empregos em tempo integral, criar filhos perfeitos, cozinhar três refeições por dia e ter múltiplos orgasmos até o amanhecer. A supermulher é a adversária do movimento feminista".
> (SANDBERG, 2013, p. 153-155)

A participação dos homens nas tarefas domésticas é frequentemente classificada como "ajuda". O uso dessa palavra deixa claro que a responsabilidade pela casa e pelos filhos não é percebida como sendo do homem. Ele só ajuda quando pode. Quando quer. Aposto que você nunca ouviu um marido dizer que a esposa "o ajuda em casa". Essa expressão não faz sentido na nossa cultura, porque a esposa não ajuda ninguém, ela é que tem a obrigação de fazer. Mesmo quando ela tem uma carreira profissional. Mas, se os dois moram e usufruem da casa, se os filhos são de ambos, se marido e esposa trabalham fora, por que socialmente as tarefas domésticas ainda são consideradas dever da mulher? Qual é a lógica? Por tudo isso, a jornalista Jessica Valenti afirma que não são os filhos que prejudicam a carreira das mulheres, mas sim a negligência doméstica dos pais:

> Se os pais fizessem o mesmo tipo de trabalho que as mães sempre fizeram, as carreiras das mulheres poderiam florescer de maneiras que ainda não imaginamos. Mas, para chegar lá, precisamos parar de enquadrar as aflições no trabalho das mães

como uma questão de "equilíbrio", e começar a falar sobre como a negligência doméstica dos homens dificulta o nosso sucesso[45].

É verdade que alguns homens começam a se empenhar em construir relações mais justas nesse sentido com as suas parceiras. Mas, na média, está longe de ser suficiente. A carga de trabalho doméstico não remunerado ainda recai com muito mais intensidade sobre a mulher[46]. Como diz Claudia Sender, "As mulheres brasileiras entraram nas empresas, mas os homens ainda não entraram em casa". Apesar disso, Sender percebe uma mudança, ainda que de forma sutil, na participação dos homens na vida familiar. Ela exemplifica com o caso de um colaborador homem que cancelou uma reunião importante, alegando que precisava estar presente na apresentação de balé de fim de ano da filha. Sender aprovou a decisão do colaborador e seu cuidado com a filha e remarcou a reunião. A executiva acredita que uma participação maior dos pais na vida dos filhos precisa ser estimulada também nas empresas. Ela conta que tem memórias muito mais vívidas da mãe do que do pai na infância. O pai era médico e dedicava muito tempo ao trabalho, inclusive fazendo plantão todo fim de semana.

Para ampliar a participação dos homens na vida familiar, Claudia Sender defende que, entre outras coisas, não se reforce o preconceito contra os homens que buscam esse caminho. Para ela, é preciso combater o estereótipo de que o homem que não trabalha está acomodado, é folgado, preguiçoso, quer viver à custa da esposa etc. Por que não aceitar que ele pode ter simplesmente decidido se dedicar à vida familiar enquanto a carreira da esposa decola, por exemplo? Sobretudo as mulheres precisam se policiar para não reforçar os estereótipos do homem provedor e da mulher "do lar", porque eles os empurram para a vida profissional e nos empurram para dentro de casa. Sylvia Coutinho conta que, quando morou com a família nos Estados Unidos, o marido ia às reuniões da escola, e muitas vezes havia mais homens do que mulheres. Quando voltaram para o Brasil, ele foi à primeira reunião de pais e era o único homem. Não foi mais porque se sentiu deslocado, como se não

---

[45] https://gen.medium.com/kids-dont-damage-women-s-careers-men-do-eb07cba689b8
[46] https://www.nexojornal.com.br/expresso/2016/12/06/5-fatos-sobre-a-divis%C3%A3o-do-trabalho-dom%C3%A9stico-no-Brasil

pertencesse àquele ambiente. Já uma amiga de Claudia Sender lhe deu uma lição de como ajudar os homens a ressignificar sua participação na vida familiar. Ela estava com a amiga e o marido desta.

> Outro dia eu estava com uma amiga e o marido dela. Meu marido estava viajando. Aí eu falei: "Vamos aproveitar, vamos fazer uma massagem amanhã, eu te levo, te convido, venham comigo". Aí o marido dela olhou pra ela e falou assim: "Quer dizer então que amanhã serei babá?". Ela disse: "Não, amanhã você será pai". Pense que isso é uma mudança na cabeça do homem, porque ele vai ter que justificar para os amigos que ele não vai poder jogar futebol nem tomar uma cerveja porque ele está "de babá".

Nossa mais jovem entrevistada, Renata Chilvarquer, sem filhos na época da nossa conversa, conta que o marido assume que a responsabilidade pelas tarefas domésticas é compartilhada, e eles se dividem igualmente nos cuidados com a casa. Quando ele ressalta que o jardim está malcuidado, por exemplo, ela responde que está estudando e trabalhando, e que ele pode resolver, se quiser.

Leila Velez acredita que a parceria entre homem e mulher deve ser plena e cada mulher deve procurar plantar essa semente dentro de casa. Na família dela todos dividem as tarefas domésticas, inclusive os filhos (um casal). Segundo ela, não existe tarefa de menino ou de menina. A cada semana, há uma tabela do que precisa ser feito e há rodízio em relação a quem se responsabiliza por cada tarefa. Nesse ambiente, o filho adolescente interessa-se por culinária e, segundo ela, cozinha melhor do que a mãe. Leila afirma que "não dá para querer mudar o mundo e fazer passeata se no nosso quintal a gente não está fazendo o básico".

Para Velez, a cumplicidade entre marido e esposa deve ser ampla no sentido do *fazer* e do *compreender*. Ou seja, precisa englobar a divisão prática das tarefas domésticas e o apoio à carreira da mulher:

> A prática é superimportante, né? Vou lavar a louça igualzinho você vai, arrumar a cama, enfim... Mas tem uma outra questão, que acho que fica nas entrelinhas, de o parceiro realmente te apoiar nesse processo e não fazer aquela coisa da culpa: "Poxa, você só chega a essa hora, estava te esperando até agora pra jantar". O cara tem que saber que você vai chegar tarde porque

você não estava brincando, você tinha um motivo para estar fora, e não usar isso de maneira a fazer você se sentir culpada, se sentir menos mulher como esposa, menos valiosa porque você tem que dividir mais [as tarefas domésticas]. Eu acho que a parceria tem que ser ampla nesse sentido, do fazer e do compreender, do apoiar. Eu vou viajar a trabalho, se o cara for maluco e ficar com ciúmes e ficar criando uma confusão na vida da mulher, ela vai ter muita dificuldade de ter uma função que exija viajar com frequência, e ela pode deixar de assumir uma função de liderança porque exige viagens constantes.

Todas as líderes que entrevistei são ou foram casadas. Entre as 20 mulheres eleitas pela *Forbes* como mais poderosas do mundo em 2016, 18 são casadas. Os arranjos familiares das nossas entrevistadas são variados. Mas **em nenhum deles encontra-se a combinação filhos mais marido machista**. Ponto comum: todas têm maridos parceiros que apoiam (com palavras e ações) suas carreiras. Paula Bellizia contou que o marido saiu da empresa em que trabalhava quando o primeiro filho deles tinha dez meses. A carreira da executiva estava em ótima fase, e o companheiro deu o apoio necessário em casa para ela poder se dedicar ao trabalho. Atualmente, eles dividem as responsabilidades: ele gerencia o cotidiano dos filhos, e ela faz a gestão da casa.

Em sociedades menos machistas, cada vez mais se observam maridos parceiros, que não competem com a esposa no campo profissional e não acreditam que sua carreira precisa ser privilegiada sempre nos planos do casal, pelo simples fato de serem homens. Quando Sylvia morou em Nova York, tinha um grupo de colegas com casais franceses e americanos. Ela nos conta que entre eles não havia a prerrogativa da carreira do marido em relação à da mulher. Na hora das decisões, a discussão era baseada no que era melhor para o casal: "Existia essa sociedade de sentar e falar: essa decisão é melhor para o casal? Você tem potencial de ganhar mais do que eu estou ganhando? Então, vamos!". A executiva conta que se sentia segura de aceitar oportunidades de ascensão por saber que seu marido a apoiava. Quando ela foi transferida para os Estados Unidos, ele tinha acabado de ser promovido no banco onde trabalhava, mas entendeu que ela não podia perder essa oportunidade internacional na carreira e tirou uma licença para acompanhá-la. Ela afirma que aceitou a transferência proposta pelo chefe antes mesmo de falar com o marido, de tanta segurança que tinha nessa parceria. A ideia inicial era ficarem dois anos, mas ele acabou fazendo MBA por lá e conseguiu emprego no mesmo banco em que a esposa trabalhava. Quando Sylvia foi transferida novamente pela empresa, ele também foi. Ela ressalta que a compreensão da empresa com a situação do casal fez muita diferença. Sylvia e o marido estão juntos há mais de trinta anos.

Em um mundo cada vez mais globalizado, é comum a transferência de funcionários para outras cidades, estados, países. Ao falar sobre sua transferência para os Estados Unidos, a CEO do UBS levanta um ponto muito importante para as mulheres que têm disponibilidade para aceitar cargos em outros locais. Ela afirma: "Eu sempre fui muito aberta às possibilidades e deixava isso muito claro dentro da empresa, porque muitas vezes também os próprios chefes assumem que a mulher não vai poder, então nem oferecem". A crença de que a mobilidade não é possível para a mulher é um *mindset* organizacional frequente nas empresas, que se constitui como obstáculo para as mulheres em geral. As funcionárias do sexo feminino são associadas *a priori* à falta de mobilidade e/ou disponibilidade para o trabalho, e esse é um empecilho na hora de promoção para cargos mais altos ou em outras localidades. Por isso, é importante explicitar as suas possibilidades e desejos em relação ao trabalho.

A questão da mobilidade é mais uma barreira a ser considerada na trajetória profissional das mulheres. Numa situação de transferência, a família costuma se organizar em torno do emprego do marido, já que, em nossa cultura, sua carreira é mais valorizada socialmente (mais chances de promoção, salários maiores etc.). Isso sem falar na postura machista, que faz com que muitos maridos se recusem a abrir mão do seu trabalho para apoiar a carreira da esposa em outra localidade, por se sentirem diminuídos. Gera-se um círculo vicioso, com prejuízos à vida profissional das mulheres. Pensando nisso, Luiza Trajano instituiu no Magazine Luiza uma política de apoio à família em caso de transferência de uma funcionária para outra cidade/estado: quando elas precisam se mudar (o que acontece com mais frequência no cargo de gerente de loja), a empresa ajuda o marido a arrumar emprego na nova localidade. E, assim, já contam com vários casos de companheiros que acompanham a esposa em caso de transferência.

O Beleza Natural também promove ações similares para facilitar a mobilidade geográfica na carreira da mulher. Como diz Velez, "a gente transfere a família". Assim, a empresa dá apoio para achar casa, emprego para o marido e fazer toda a transição de vida para uma nova cidade. Durante o casamento de Duda Kertész, havia uma igualdade de valor entre os trabalhos de ambos os cônjuges. Ou seja, não havia a premissa comumente aceita de que a carreira do homem é mais importante do que a da mulher. Assim, tinham uma prática de conversar sobre decisões profissionais, buscando o que seria melhor para o casal. Em determinado momento, seu marido na época abriu mão de assumir uma posição no exterior para não prejudicar a carreira dela, que estava em um excelente momento. Trata-se de uma exceção louvável, já que, normalmente, a carreira do marido é privilegiada nas decisões dos casais. Na cultura machista, é esperado que o homem ganhe mais e tenha mais sucesso profissional do que a esposa, pois é visto como mais competente para os negócios do que ela. Por isso, o contrário muitas vezes incomoda, como explica Claudia Sender:

> Eu fiz o meu MBA em Harvard, 30% da minha turma eram mulheres e eu cansei de ver, tristemente, divórcios, porque o homem não conseguia sobreviver com o fato de a mulher ganhar mais do que ele: "Porque a minha mulher é mais importante, porque ela tem mais". Eu tenho uma admiração infinita pelo meu marido, porque, além de ele ser um homem carinhoso, um bom marido, ele sempre foi um apoiador incondicional da minha carreira. Logo que eu fui promovida, fui participar de um evento de um fabricante de aeronaves, e a maior parte das pessoas fora do Brasil não me conhecia. Eu tinha acabado de virar presidente. Ele veio comigo, era um evento que tinha acompanhantes. E em todo lugar que a gente entrava, as pessoas iam falar com ele: "Oi, tudo bom? Eu sou fulano, você quem é?". E ele falava: "Eu sou o marido dela, eu não vou comprar nada". Eu achei maravilhosa a forma como ele se colocava no segundo plano, vai entre aspas,

de aceitar que aquele era o meu momento, não era o momento dele. E a gente se reveza nos momentos. Eu sou a primeira-dama dele em várias situações, quando ele é o centro das atenções. Ele trabalha também. Mas ele sabe fazer esse papel e eu acho que a beleza do ser humano é quando a gente consegue encontrar esse equilíbrio, onde ninguém é maior ou melhor do que ninguém, todos nós estamos em um pé de igualdade. Mas é muito triste ver que para muitos homens é difícil concorrer com a sua esposa ou com a sua parceira ou com a sua companheira de vida. Então, eu acho que aqui **cabe às mulheres saberem escolher melhor os seus parceiros e aqueles que vão lhes apoiar ao longo do caminho**. Mas também cabe a nós dar espaço para os homens e falar: "Tudo bem você ganhar menos do que eu, não vou te julgar por isso, não vou te julgar se no final do mês eu contribuir com mais. E meu pai não vai te julgar, nem minha mãe". Porque é o nosso entorno, né? São as estruturas patriarcais que a gente herdou. E isso eu acho que é uma transformação de décadas, de gerações. Eu vejo as gerações de hoje, os jovens, muito mais bem resolvidos com isso. Mas é uma exceção ainda. [Grifo meu]

Uma recorrência encontrada nas entrevistas foi a percepção das executivas de que o apoio do parceiro (quando se está em situação de casal) à carreira da mulher é fundamental para a ascensão profissional dela. Apoio moral e apoio prático, o que inclui uma divisão mais justa das responsabilidades domésticas. Portanto, para quem tem ambições profissionais, a escolha do companheiro deveria levar esses aspectos em conta. Sheryl Sandberg explica seu ponto de vista a respeito:

Realmente acredito que o passo profissional mais importante de uma mulher é decidir se terá um companheiro para a vida e quem será ele. Não conheço nenhuma mulher em posição de liderança cujo companheiro não dê apoio total – e digo total mesmo – à sua carreira. Nenhuma. E, ao contrário da ideia tão difundida de que apenas mulheres solteiras conseguem chegar ao topo, as líderes empresariais mais bem-sucedidas, em sua maioria têm um companheiro. Entre as 28 mulheres no cargo de diretoras executivas das quinhentas empresas de maior faturamento dos Estados Unidos, segundo a Fortune, 26 eram casadas, uma divorciada e apenas uma nunca tinha se casado. Muitas dessas executivas disseram que "não teriam o sucesso que tiveram sem o apoio dos maridos, ajudando com os filhos e as tarefas domésticas e aceitando transferências com boa vontade". (SANDBERG, 2013, p. 139)

Uma pesquisa de Pamela Stone[47], professora de Sociologia da City University of New York, buscou compreender as razões pelas quais profissionais qualificadas com filhos abandonam suas carreiras nos Estados Unidos. Entre as entrevistadas, 60% citaram o marido como fator decisivo para essa tomada de decisão, mais especificamente a falta de participação dele nos afazeres domésticos[48] e no cuidado com os filhos. Aprenda a lição de Sylvia Coutinho:

> Por isso que eu digo para as mulheres: se você quer ter uma vida normal, seguir carreira, escolha bem o seu parceiro. Eu acho que para mim esse é o **número 1**, porque senão os *trade-offs* ficam muito pesados. [Grifo meu]

Paula Bellizia dá a dica: "Não existe herói sozinho". No nosso caso, heroína.

Durante mais de dez anos, levantei a seguinte questão aos meus alunos de Administração da graduação: "Se vocês fossem responsáveis pela contratação de um novo gerente na empresa em que trabalham, e os finalistas do processo seletivo fossem um homem e uma mulher com currículos praticamente idênticos, quem contratariam?". A grande maioria dos estudantes (homens e mulheres), semestre após semestre, afirmava que contrataria o homem. Principais justificativas? Gravidez e licença-maternidade. Precisamos refletir sobre como esses fatores podem deixar de representar um obstáculo à carreira das mulheres.

O momento de nascimento dos filhos representa um ponto crucial na carreira das mulheres. Muitas abandonam a carreira ou diminuem a carga horária nesse período, por não conseguirem dar conta da tripla jornada (empresa/casa/filhos). Portanto, muitas mulheres que "escolheram" abandonar o trabalho remunerado após o nascimento dos filhos, na realidade, foram:

---

47 STONE, Pamela. **Opting out?** Why women really quit careers and head home. Berkeley: University of California, 2007.
48 https://www.contioutra.com/ter-um-marido-pode-aumentar-em-7-horas-o-trabalho-domestico-de-uma-mulher/

empurradas porta afora por empresas que não ofereciam flexibilidade e bem-vindas em casa por companheiros que não colaboravam nas tarefas domésticas e na criação dos filhos. Outras continuaram, mas reduziram suas ambições para atender a demandas exageradas. (SANDBERG, 2013, p. 180)

As organizações certamente podem contribuir e têm um papel fundamental para alterar esse quadro, propondo soluções para que as armadilhas de gênero nas empresas acabem e, assim, estas não desperdicem o potencial de talento feminino que possuem. Algumas já vêm fazendo isso. No capítulo 5, abordarei práticas empresariais que configuram caminhos de apoio ao trabalho da funcionária grávida ou com filho pequeno, bem como os benefícios que essa postura traz também para a instituição.

Nas entrevistas, encontrei exemplos diametralmente opostos em relação a como a empresa lidou com a gravidez das funcionárias. Quase trinta anos atrás, quando Sylvia Coutinho engravidou pela primeira vez, sentiu-se "mais do que preterida" na empresa. O chefe a chamou e disse que, como estava grávida, não poderia mais ficar à frente do projeto que gerenciava. Tirou-a da sala que ocupava, transferindo-a para uma pequena sala, mais isolada. Ainda durante a licença-maternidade, Sylvia recebeu um convite para mudar de área na mesma empresa. Aceitou. Repare que a postura preconceituosa do primeiro chefe gerou uma perda de talento gigantesca para a equipe dele, sem necessidade. Não se encontra uma Sylvia Coutinho em cada esquina.

Duda Kertész ressalta que a primeira gravidez ainda costuma ser um momento crítico na carreira das mulheres. Para a executiva, além da culpa que envolve a não dedicação integral aos filhos, as mães se colocam diversas questões em relação ao trabalho fora de casa, como: "Continuo ou não continuo?", "Pego mais leve ou não pego mais leve?", "O que eu quero da minha vida?". É um momento em que várias acabam, inclusive, desistindo do trabalho remunerado, por não encontrarem respaldo na empresa para as novas necessidades e demandas da vida familiar. Para Duda, o fato de ter tido uma chefe mulher durante a gravidez do seu primeiro filho lhe trouxe muito conforto. Sua líder já tinha passado por tudo isso, então lhe dava dicas e conseguia tranquilizá-la em relação a dúvidas e inseguranças que tinha na época. Segundo Kertész, as líderes mulheres têm a missão de sensibilizar as empresas para as necessidades das mulheres durante a gravidez e durante a licença-maternidade. Há muitas possibilidades relativamente simples de ação por parte das organizações, conforme veremos adiante, que evitam desperdício de talentos por conta de gravidez e maternidade.

Leila Velez acredita que a maternidade tem impacto avassalador na carreira se não for bem administrada. Ela conhece diversas executivas que abdicaram de dar o próximo passo na vida profissional em razão do *gap* que fica no período de gestação. Para Velez, a maternidade ainda é "muito maltratada" por parte das organizações, e é importante que estas apoiem as funcionárias grávidas e desenvolvam uma condição de flexibilidade e compreensão para esse momento. A empresa dela, por exemplo, tem muitas funcionárias jovens, sem experiência de gravidez e maternidade e em fase inicial de carreira. Por isso, tem um programa que acompanha todo o processo de gravidez das funcionárias, inclusive com as consultas pré-natais, ajudando a gerenciar consultas e exames necessários, trazendo informações e palestras sobre o tema, com o objetivo de ajudar a saúde das gestantes e a continuidade de sua carreira.

Na Microsoft, Paula Bellizia recebeu um tratamento bastante acolhedor durante sua segunda gestação. Quando soube que estava grávida, ocupava o cargo de gerente-geral de uma das unidades de produto. Quando estava com três meses de gestação, seu diretor a chamou para uma conversa. Ela conta como foi:

> Tive uma reunião com o meu chefe, e ele disse: "Paula, preciso falar com você". Eu falei: "Também preciso falar com você". [risos] Parece novela. Aí ele fala: "Então vou falar primeiro... Olha, eu estou planejando um sabático. Vai acontecer daqui a três meses e eu vou ficar três meses fora". Fez a conta? Três, seis, nove... Aí eu falei: "Legal, bacana. Eu estou grávida de três meses. Então, quando você estiver voltando do sabático, eu vou estar saindo". Ele perguntou: "Quando nasce?". "Setembro". E ele disse: "Ah, então vai dar certo". "Vai dar certo o quê?". "Você vai ficar no meu lugar três meses como diretora de Marketing e Estratégia". "Mas eu estou grávida, não sei o que vai acontecer". E ele: "A gente vai

tocar! Vamos preparar essa transição. Você vai ficar". Foi uma história muito bacana. Ele foi um exemplo de líder para mim.

Como o diretor previa, deu tudo certo. Foi um período de intenso aprendizado para Paula. Ele ficou dois meses orientando sua substituta para a nova função, depois saiu de licença e recomendou vivamente que ela não ligasse para ele nenhuma vez. Cinco dias após a volta do chefe, a filha de Paula nasceu. Após retornar dos quatro meses de licença-maternidade, Bellizia assumiu o posto de diretora de Marketing e Estratégia. Demonstrando que a gravidez não precisa ser empecilho na carreira, a Microsoft apoiou e promoveu a funcionária, e hoje pode contar com ela como vice-presidente de Vendas, Marketing e Operações na América Latina.

É comum ouvir dos meus alunos, quando começo a questionar a divisão de trabalho doméstico no Brasil: "Mas minha mãe *escolheu* ser dona de casa. Ela teve liberdade de escolha entre trabalhar fora e ser dona de casa". Em primeiro lugar, é preciso compreender que nossas escolhas não são unicamente individuais, mas também têm fortes influências sociais. Elas não acontecem em um vácuo cultural/legal. Como vimos anteriormente, os estímulos sociais para que a mulher ou o homem "escolham" se dedicar ao trabalho doméstico são *muito* diferentes e pesam para um lado da balança. Fora isso, vimos também que nossa lei de licença-maternidade quase que exclusiva reforça o princípio de que os cuidados com os filhos são da mulher. A maioria das mães brasileiras não tem creche pública disponível nem recursos para contratar uma babá em tempo integral. Quando acaba o período de licença-maternidade, o que você acha que acontece nas famílias com esse perfil? Quem vai ter a carreira sacrificada para cuidar dos filhos? Claro que hoje, em termos legais, sabemos que é permitido às mulheres estudar e trabalhar fora. Mas isso não é suficiente para eliminar o quadro cultural de sobrecarga da mulher. Sheryl Sandberg se posiciona a respeito do tema:

> Hoje, apesar de todas as nossas conquistas, não há uma verdadeira escolha para ninguém, seja homem ou mulher. Enquanto as mulheres não tiverem empregadores e colegas dando apoio, bem como companheiros que dividam as responsabilidades familiares,

> elas não têm verdadeira escolha. E enquanto os homens não forem plenamente respeitados por ajudar em casa, tampouco eles têm verdadeira escolha. **Oportunidades iguais não são iguais a menos que todos recebam o incentivo que permita aproveitá-las**. Somente então homens e mulheres poderão realizar seu pleno potencial. (SANDBERG, 2013, p. 197) [Grifo meu]

Obviamente, não há uma solução única para questões tão complexas. Além das estratégias para o setor privado, de que tratarei no capítulo 5, a igualdade de gênero no mercado de trabalho também passa pelo âmbito legislativo. Leis podem alterar costumes e reforçar valores antidiscriminação. No Brasil, como já ressaltei, a licença-maternidade (lei aprovada por homens) empurra a responsabilidade dos filhos para a mulher.

Na Suécia, um dos países com maior igualdade de gênero do mundo, não há licença-maternidade. O que existe é licença *parental*, de mais de um ano de duração (480 dias), a ser dividida entre o pai e a mãe. São noventa dias obrigatórios para cada um dos genitores, e o restante (trezentos dias) é dividido entre o casal da forma que ambos decidirem (essa mesma regra vale para casais homoafetivos). Considera-se que os cuidados diários com as crianças da família são de responsabilidade dos dois genitores, e não só da mulher. Essa legislação está dentro de um contexto cultural de aversão à discriminação de gênero e que prega a divisão igualitária das tarefas domésticas. A lei reflete e ajuda a fortalecer esses valores. Como todo genitor, por lei, é obrigado a assumir os cuidados com a casa e com os filhos por determinado período, ver um indivíduo do sexo masculino nessas funções na Suécia passa a ser corriqueiro. Isso é uma grande ajuda no combate ao preconceito e ao estranhamento que empurram os homens para fora de casa. Esse período de licença parental contribui para que pai e mãe aprendam a cuidar e gerenciar a vida dos filhos e delineiem seu papel e suas reponsabilidades como genitores para além dos meses da licença. É importante notar que as crianças suecas sobrevivem muito bem a esse período em que predominam os cuidados paternos. E ainda se tornam adultos menos machistas.

Em 2019, o governo espanhol deu um importante passo em direção à igualdade de gênero: por meio de um decreto-lei, ampliou a licença-paternidade para dezesseis semanas, promovendo a equiparação com o período da licença-maternidade. O decreto também prevê que as empresas sejam obrigadas a organizar um registro de salários (incluindo bônus e demais benefícios) para evitar a discriminação por sexo. Considero a equiparação entre o período de licença de pai e mãe para cuidar dos filhos uma medida essencial para ampliar a participação dos homens nos cuidados familiares. Além disso, trata-se de uma ação fundamental para eliminar o custo-maternidade, ou seja, as penalidades no mercado de trabalho que as mulheres enfrentam ao ter filhos.

Em estudo publicado em 2019[49], as economistas Lídia Farré, da Universidade de Barcelona, e Libertad González, da Universidade Pompeu Fabra, afirmam que as famílias espanholas que tiveram filhos após a ampliação da licença-paternidade contam com pais mais presentes e atuantes nos cuidados diários com os filhos e a casa, mesmo após o término do período de licença. Para Anna Chiesa, especialista da USP em desenvolvimento infantil, a sociedade precisa desconstruir a ideia de que só a mulher tem instinto para cuidar dos filhos recém-nascidos. Segundo Chiesa, "o vínculo afetivo se constrói com presença. A conexão do pai com o bebê só vai ser gerada se houver participação em sua criação"[50].

Recentemente, o Ministério Público brasileiro encaminhou à Procuradoria-Geral da República um projeto de lei que determina que, após os 120 dias de licença-maternidade, haja uma licença-paternidade de 60 dias. Caso seja aprovado, valerá apenas para os funcionários do próprio Ministério Público da União. O MP espera que a iniciativa sirva de exemplo para outras instituições públicas e privadas.

Atualmente, tramitam alguns projetos de lei que tratam da ampliação da licença-paternidade no nosso país (mas mantendo o período ainda inferior ao da licença-maternidade), praticamente todos apresentados por parlamentares mulheres. Neste momento, estou elaborando um projeto de lei que prevê a **equiparação** dos períodos de licença-paternidade e maternidade, contando com a assessoria jurídica do dr. Alexandre Magalhães e o apoio da deputada federal Soraya Santos, primeira mulher eleita por seus pares para conduzir a Primeira-Secretaria da Câmara dos

---

49 https://www.sciencedirect.com/science/article/abs/pii/S0047272718302299
50 https://www.agazeta.com.br/mundo/apos-ampliacao-da-licenca-paternidade-espanhois-querem-ter-menos-filhos-0619

Deputados. Soraya tem uma atuação exemplar na luta pela igualdade de gênero, e sua performance como parlamentar ilustra a tese que defendo neste livro, de que mulheres não machistas no poder ampliam a empatia e a luta por causas feministas. Hoje em dia, eu só voto em mulher. É preciso aumentar nossa representatividade com urgência no âmbito político.

Em 2017, a ex-deputada federal Laura Carneiro apresentou na Câmara dos Deputados uma proposta de emenda à Constituição para instituir a licença parental compartilhada, mas a PEC 355/2017 foi arquivada. No mesmo ano, a então senadora Vanessa Grazziotin apresentou a PEC 16/2017 para viabilizar a prática da licença parental, mas também foi arquivada. Tomando como exemplo o que já ocorre em países como Suécia, Noruega e Finlândia, a PEC 16/2017 estabelecia que o prazo de licença-maternidade poderia ser dividido entre o pai e a mãe da criança, a partir de um acordo entre eles. Grazziotin justifica a necessidade de uma mudança na legislação com base no que chama de "nova concepção de família":

> A tarefa de cuidar do filho não é exclusiva da mãe, é do pai também. Porque a única tarefa que a mulher tem que fazer sozinha, que não pode compartilhar com o homem, é a amamentação. Mas os demais cuidados podem ser perfeitamente compartilhados com o pai. É um compartilhamento de todos os deveres, de todos os afazeres.

Nesse ponto, concordo plenamente com a ex-senadora. Sem dúvida, uma legislação adequada a essa nova concepção familiar (em que os cuidados com a casa e os filhos devem ser divididos de forma equilibrada entre ambos os pais) ajuda a viabilizá-la e reforçá-la. Em alguns casos, até a amamentação (com o advento das bombas de tirar leite) poderá ser feita em parceria com o pai. Mudanças jurídicas são condição necessária (mas não suficiente, claro) para que a maternidade deixe de representar um obstáculo na carreira de tantas mulheres. Segundo levantamento realizado pela Catho[51] com mais de 13 mil pessoas, após a chegada dos filhos, 28% das mulheres deixam o emprego para cuidar das crianças

---

51 www.catho.com.br; http://agenciabrasil.ebc.com.br/geral/noticia/2017-05/maes-deixam-mercado-de-trabalho-cinco-vezes-mais-que-pais; http://veja.abril.com.br/economia/28-das-mulheres-deixam-emprego-apos-se-tornarem-maes/

versus 5% dos homens. E elas demoram mais a voltar ao mercado de trabalho, o que dificulta a retomada da carreira.

Segundo a pesquisa, 21% das que se ausentam do mercado levam mais de três anos para retornar. Isso só acontece com 2% dos homens que deixam seus empregos. Pesquisa da Fundação Getúlio Vargas[52], que ouviu quase 250.000 mulheres entre 25 e 35 anos, apontou que 50% das que tiveram filho foram demitidas nos dois anos seguintes à licença-maternidade. É um número assustador. Considerando apenas os dois primeiros meses após o retorno ao trabalho, a probabilidade de demissão chega a 10%. Esses dados apontam para o chamado **custo-maternidade**, que atinge a carreira das mães. Embora o filho seja do casal, esse custo só aparece na vida profissional das mulheres, pois é nas suas costas que recai, ainda, o cuidado com a prole. Nesse contexto, a equiparação do tempo das licenças-maternidade e paternidade (ou a criação de uma licença parental a ser dividida entre os dois) é um passo essencial para acabar com os prejuízos que ter filhos traz apenas à carreira da mulher. A licença parental favorece novos arranjos familiares para além das convenções tradicionais de gênero, que colocam "o homem e a masculinidade como interligados à função do trabalho e do provimento de renda, e a mulher e a feminilidade como naturalmente constituídas pelas tarefas de cuidado e de reprodução social"[53].

A primeira-ministra da Finlândia, Sanna Marin, anunciou em 2020 a equiparação de tempo das licenças-maternidade e paternidade no país. Cada um dos progenitores poderá tirar sete meses de licença remunerada, e será permitido ceder aproximadamente dois meses desse período ao companheiro ou companheira. Em um dos países mais igualitários do mundo, sabe-se que o trabalho doméstico não remunerado é uma questão central na construção de uma sociedade mais justa entre os gêneros. A medida *gender-neutral* também visa controlar o declínio da taxa de natalidade, ao promover um equilíbrio maior nas famílias. Pois é, no mundo todo, cada vez mais, mães bem informadas sobre os danos

---

52 https://brasil.elpais.com/brasil/2017/08/14/politica/1502721247_786237.html
53 **Novos arranjos familiares, velhas convenções sociais de gênero**: a licença-parental como política pública para lidar com essas tensões. In: http://www.scielo.br/scielo.php?script=sci_arttext&pid=S0104-026X2009000300013&lng=pt&nrm=iso&tlng=pt

do machismo não estão dispostas a arcar sozinhas com o ônus da criação dos filhos, preferindo não tê-los. Vale lembrar que a Finlândia também está há tempos no topo do *ranking* dos países mais felizes do mundo. Não posso deixar de ressaltar a diferença de postura que se observa em governantes mulheres feministas para a construção de um ambiente mais seguro, mais saudável e mais justo para nós. É crucial ajudarmos a alavancar mais mulheres para os espaços de poder.

Em resumo, a busca pela igualdade de gênero no mercado de trabalho precisa caminhar junto com a busca pela igualdade em casa, com uma distribuição mais equilibrada de obrigações no cotidiano familiar entre os cônjuges, com creches e estrutura pública para amparar os pais e com uma legislação *gender-neutral*. Ou seja, para que essa reorganização doméstica seja viável, além da contribuição das empresas, é fundamental a participação do poder público – tanto no campo da legislação como no compromisso prioritário de prover infraestrutura para os pais, sobretudo creches de tempo integral, para que homens e mulheres possam trabalhar após o nascimento dos filhos.

Não se pode esquecer de considerar que o Brasil tem mais de 5 milhões de crianças sem o nome do pai na certidão de nascimento e mais outros milhões que sofrem com o abandono paterno – ainda que o nome do progenitor conste na certidão –, ou seja, são criadas apenas pela mãe, que, sem ajuda, precisa de creches públicas de tempo integral para que possa estudar ou trabalhar fora. Não ter com quem deixar os filhos pequenos durante o expediente é uma questão social a ser resolvida com extrema urgência, que precisa parar de ser tratada como um problema individual da mulher. É preciso mais representatividade feminina na política, para que problemas graves como esse, que assolam sobretudo as mulheres, possam encontrar respaldo de empatia e ação nas nossas representantes parlamentares.

Como bem afirma o sociólogo Ritxar Bacete, especialista em igualdade de gênero, os homens não estão interessados em abrir mão dos privilégios que recebem do sistema patriarcal: "O que acontece? Acontece que os homens não estão interessados em igualdade. Por mais agradável que seja, preferem ter as vantagens, principalmente mais **tempo** que as mulheres"[54]. Portanto, enquanto forem as mulheres as prejudicadas em suas vidas e carreiras pelas obrigações de cuidados com os filhos, dificilmente se verá como prioridade política o investimento em creches públicas de qualidade para todos. Na Espanha, foi feita uma pesquisa[55] com os primeiros homens que desfrutaram da licença-paternidade de duas semanas, assim que foi instituída no país. Resultado? Ficaram menos propensos a ter outro filho. De acordo com as pesquisadoras, essa redução ocorreu porque esses homens se tornaram mais conscientes do esforço e dos custos necessários à criação dos filhos.

2. Outras barreiras

No Brasil, as mulheres ganham em média algo em torno de três quartos do salário dos homens, segundo dados oficiais do IBGE[56]. No mercado formal, com carteira assinada, os homens ganham em média R$ 2.432, e as mulheres, R$ 1.873. Levantamento da Catho feito com mais de 13.000 profissionais, divulgado em 2017, avaliou diferenças salariais entre os gêneros em diversos cargos no Brasil. O resultado confirma o que já se sabe: as mulheres ganham menos do que os homens em todas as posições dentro da empresa. Para cargos de coordenação, gerência e diretoria, a diferença média encontrada entre os salários foi maior que 45%. Entre trainees e estagiários, a diferença foi de 16,4% a favor dos homens. Esse levantamento também confirmou que as mulheres são sub-representadas nos cargos mais altos da empresa. A gerente de relacionamento com cliente da Catho, Kátia Garcia, acredita que os homens sejam beneficiados nas promoções em razão da expectativa social ainda predominante de que as mulheres tenham menos disponibilidade para o trabalho, por causa dos cuidados com a casa e a família. Garcia explica:

---

54 https://brasil.elpais.com/brasil/2016/05/09/internacional/1462812457_321536.html
55 https://revistagalileu.globo.com/Sociedade/noticia/2019/05/pais-que-tiram-licenca-paternidade-querem-ter-menos-filhos-sugere-estudo.html
56 Informações presentes na **Síntese de Indicadores Sociais 2016**, divulgada pelo Instituto Brasileiro de Geografia e Estatística (IBGE) em dezembro de 2016. Disponível em: http://biblioteca.ibge.gov.br/visualizacao/livros/liv98965.pdf.

> É visível a inferioridade feminina na ocupação de cargos de destaque, tais como presidente, diretora e gerente. Isso mostra que há uma ruptura na evolução da carreira feminina, dando preferência aos homens. Provavelmente a maternidade e todo o preconceito que a envolve, infelizmente, pode ser um dos motivos dessa estatística[57].

Para Carmen Migueles, professora da Escola Brasileira de Administração Pública e de Empresas, da Fundação Getulio Vargas, as organizações precisam mudar esse *institutional mindset* (mentalidade organizacional), pois não é vantajoso para elas: "As empresas deixam de contratar a melhor administradora do país para não pagar licença-maternidade, por exemplo. Essas empresas são muito ruins em inteligência competitiva e inovação porque focam no corte de custos, perdendo qualidade de liderança"[58].

Apesar de essa mentalidade organizacional ainda predominar no mercado, há evidências cada vez maiores nas pesquisas em favor da equidade de gênero, e muitas empresas já estão se adequando e investindo em políticas internas de mudança cultural nesse sentido. Mas a caminhada é longa. Segundo a economista do IBGE Cristiane Soares, ao se considerarem os cargos de chefia (em todos os níveis da empresa) no país em 2015, verificou-se que 63% deles eram ocupados por pessoas do sexo masculino[59]. E o *gap* salarial entre homens e mulheres é ainda

---

[57] http://g1.globo.com/economia/concursos-e-emprego/noticia/mulheres-ganham-menos-do-que-os-homens-em-todos-os-cargos-diz-pesquisa.ghtml

[58] https://veja.abril.com.br/economia/das-200-maiores-empresas-do-brasil-apenas-tres-tem-uma-mulher-no-comando/

[59] Informação divulgada em 2017 pelo Instituto de Pesquisa Econômica Aplicada (IPEA), no documento **Retrato das desigualdades de gênero e raça**, disponível em http://www.ipea.gov.br/retrato/apresentacao.html. Segue a apresentação do citado estudo: "**O Retrato das desigualdades de gênero e raça** tem por objetivo disponibilizar informações sobre a situação de mulheres, homens, negros e brancos em nosso país. Para tanto, apresenta indicadores oriundos da Pesquisa Nacional por Amostra de Domicílios (PNAD), do IBGE, sobre diferentes campos da vida social, de forma a disponibilizar para pesquisadores/as, estudantes, ativistas dos movimentos sociais e gestores/as públicos um panorama atual das desigualdades de gênero e de raça no Brasil, bem como de suas interseccionalidades. Os indicadores são apresentados tanto para mulheres e homens, negros e brancos, quanto para mulheres brancas, mulheres negras, homens brancos e homens negros. O **Retrato** traz dados do período de 1995 a 2015 em doze blocos temáticos. São eles: População; Chefia de Família; Educação; Saúde; Previdência e Assistência Social; Mercado de trabalho; Trabalho Doméstico Remunerado; Habitação e Saneamento; Acesso a Bens Duráveis e Exclusão Digital; Pobreza, Distribuição e Desigualdade de Renda; Uso do Tempo; e Vitimização. O intuito é apresentar estatísticas descritivas que possam compor um retrato atual da situação de brasileiros e brasileiras sob a perspectiva das desigualdades de gênero e raça em nosso país, bem como um histórico que permita analisar os principais

maior nesses cargos do que no mercado como um todo. Ou seja, quanto mais alto o cargo e a escolaridade, maior a desigualdade de salários entre os gêneros. A diferença de remuneração média entre homens e mulheres, em favor dos primeiros, existe no mundo inteiro, com percentuais diferentes. O Brasil ocupa a 129ª posição no quesito igualdade de salários entre os gêneros, num ranking de 144 países. Essa informação faz parte do Relatório de Desigualdade Global de Gênero, divulgado no Fórum Econômico Mundial em 2016. Segundo esse relatório, o *gap* salarial entre homens e mulheres no Brasil é um dos maiores do mundo, e para acabar com essa disparidade econômica levaremos cerca de cem anos, caso seja mantido o ritmo de evolução atual.

Nos Estados Unidos, o *Equal Pay Day* (que seria algo como Dia da Igualdade Salarial) é dedicado a enfatizar a discrepância salarial que ainda existe entre homens e mulheres no país. A data foi criada em 1996 pelo *National Committee on Pay Equity* (NCPE). O *Equal Pay Day* simboliza até que dia de determinado ano as mulheres tiveram que trabalhar (além do ano anterior inteiro, claro) para ganhar o que os homens ganharam no último ano. Em 2017, o *Equal Pay Day* foi no dia 4 de abril. Se considerarmos apenas mulheres negras, a situação fica ainda pior. Para cada dólar ganho por um homem branco nos Estados Unidos, uma mulher negra ganha em média 63 centavos. Racismo e machismo são barreiras poderosas. O *Black Women's Equal Pay Day* foi no dia 31 de julho de 2017. Mais da metade do ano!

No *Black Women's Equal Pay Day* de 2017, pequenos comerciantes de várias cidades americanas ofereceram descontos de 37% em seus produtos, com o objetivo de chamar atenção para o *gap* salarial enfrentado pelas mulheres negras.

A diretora executiva do *Centro de Estudos das Relações de Trabalho e Desigualdades* (Ceert)[60], Cida Bento, apontada pela revista *The Economist*

---

avanços e continuidades dessas assimetrias ao longo de quase duas décadas. O projeto nasceu em 2004 e atualmente é resultado de uma parceria entre Ipea (Instituto de Pesquisa Econômica Aplicada), ONU Mulheres (Entidade das Nações Unidas para a Igualdade de Gênero e o Empoderamento das Mulheres) e SPM (Secretaria de Políticas para as Mulheres do Ministério da Justiça e Cidadania)".

60 O Ceert é uma ONG dedicada à valorização da diversidade, à superação de todas as formas de discriminação no *trabalho* e à superação do racismo na infância, considerando o papel estratégico dessa etapa na formação do indivíduo.

como uma das cinquenta pessoas mais influentes do mundo no campo da diversidade, afirma que, no contexto das políticas de diversidade em organizações, a dimensão racial é a que traz mais desafios: "Os programas de pró-equidade de gênero e raça conseguiram acelerar a inclusão de mulheres brancas, mas não de mulheres negras. Então, você tem mais um pacto entre brancos"[61]. Para reduzir a desigualdade racial nas empresas, Cida sugere os primeiros passos:

> O censo é fundamental. Ele ajuda a identificar diferenças de cargos, de salários, de inserção, promoções. E ajuda a identificar onde é que estão os problemas e ajuda a desenhar um plano de ação que envolve levar essa discussão para o interior das empresas e para as altas lideranças, para as áreas jurídica e outras. É preciso uma decisão política da empresa.

Mulheres negras enfrentam uma dupla discriminação, de gênero e de raça, e os resultados se fazem sentir em números. Estudo realizado pelo Instituto Ethos, em parceria com o Banco Interamericano de Desenvolvimento (BID)[62], em 2016, revelou que pessoas negras (incluindo pretas e pardas) ocupavam apenas 6,3% dos cargos de gerente e 4,7% do quadro de executivos das empresas analisadas. A pior situação é a das mulheres negras: estas ocupavam 1,6% dos cargos de gerente e 0,4% do *board* das empresas do estudo. Entre 548 diretores, havia duas mulheres negras. Leila Velez fala sobre sua experiência como mulher e negra no ambiente corporativo:

> A gente tem uma interseção... Eu bato todas as cotas, né? Negra, mulher, baixa renda, então, assim... [risos] Eu não tenho mais cota pra bater. Muitas vezes, o que eu percebi, eu não sei se era... Não sei qual fator era mais preponderante naquela situação: o fato de ser negra, o fato de ser mulher, o fato de estar falando de um negócio focado em baixa renda, da nossa origem, o tipo de público-alvo que a gente atende, o fato de ser um salão de beleza... Muitas vezes falam: "Salão de beleza, isso não é um

---

61 https://www.cartacapital.com.br/sociedade/o-grande-desafio-e-ampliar-a-presenca-de-mulheres-negras-nas-empresas
62 **Perfil social, racial e de gênero das 500 maiores empresas do Brasil e suas ações afirmativas**. Disponível em: https://www3.ethos.org.br/cedoc/perfil-social-racial-e-de-genero-das-500-maiores-empresas-do-brasil-e-suas-acoes-afirmativas/#.W6vocXtKiM8.

negócio sério". Mas, beleza... É aquela cabeça de que um salão de beleza tem que ser um negócio amador, pequeno, de bairro, porque a figura do cabeleireiro se confunde com o gestor e com todo o processo, meio improvisado. Então, muitas vezes, eu ia para uma reunião com fornecedores novos acompanhada de um colaborador que é homem e eles ficavam o tempo inteiro olhando para ele. Ainda mais se fosse branco. Era muito engraçado... A pessoa falava e fazia olho torto até descobrir que ele não era o presidente, o dono etc. E aí fica aquele constrangimento: "Não, não, desculpa". Eu até prefiro que a pessoa não saiba quem eu sou, porque nessa hora você vê quem é de verdade, sem rótulos, né? Quando eu falo com uma pessoa nova ou com quem quer que seja, eu tento deixar isso pra depois, e nessas ocasiões é muito engraçado. Quando eu venho pra cá [sede do Beleza Natural], não, porque aqui já sabem. Mas quando é um fornecedor novo, ainda mais no passado, quando o Beleza Natural não era muito conhecido, era muito comum.

Rachel Maia, CEO da Lacoste Brasil e ex-CEO da joalheria dinamarquesa Pandora no país, tem consciência da relevância de sua trajetória profissional para a representatividade da mulher negra em cargos de liderança: "Eu sou, hoje, essa precursora de muitas mulheres negras ou que se sentem desprestigiadas dentro da sociedade"[63]. Maia se considera uma precursora da diversidade. Ela afirma:

Ser precursora significa abrir o novo. Não existe tanta mulher negra executiva no luxo? Tá, então vai existir. Eu faço parte de uma das frentes que vai falar: "Eis-me aqui". Existe uma dor, sim, mas nós não podemos esquecer que essa dor tem uma razão. Existiu uma escravidão, acabou há cento e trinta anos. Historicamente, é pouco tempo. Sou a diferença. Não apenas por representar a diversidade. Mas por trazer sucesso para a empresa e também ser parte da diversidade[64].

Durante a gestão de Maia na Pandora, de 2009 a 2018, a joalheria passou de 2 a 98 lojas no país. A executiva fala sobre seu desempenho à frente da empresa:

---

63 https://www.youtube.com/watch?v=s7AvprLixGk
64 https://complemento.veja.abril.com.br/entrevista/rachel-maia.html

> Eu não vou me fazer de rogada, se perguntarem se eu trouxe o sucesso, respondo que sim, todos os anos. Com a minha gestão, nós não tivemos nem um ano no prejuízo, localmente falando. Se nós olharmos nossos livros fiscais de encerramento de exercício, não fechamos nem um ano no negativo. Se me falarem para resumir o que faço de melhor na vida, respondo que é lidar com pessoas. Acho que sou uma boa maestra[65].

Em entrevista à TV Estadão, uma repórter perguntou a Rachel se ela sente até hoje o "preconceito invisível" no mercado de luxo. Ela respondeu:

> O preconceito não é invisível. Ele é visível, tangível e incomoda. [...] Esse universo de luxo está tentando assimilar muito bem isso. Particularmente, eu tenho visto uma mudança considerável nos três últimos anos. A gente tem visto capas de revistas como a gente nunca viu[66].

A executiva conta como lida com a discriminação:

> [Fui discriminada] diversas vezes, mas também fui acolhida. O que muda, na verdade, é se conseguimos ou não lidar com o momento. Perceber o olhar do outro mediante o diferente me fez sentir diversas vezes mal, pois esse olhar nem sempre é positivo, e isso toca nosso emocional. No meu ponto de vista, em países latinos, o preconceito tem a característica de ser mais excludente. Muitas vezes, a postura se traduz como: "Se você não faz parte do meio, simplesmente não faz parte". Às vezes, não existe a vontade genuína por parte das pessoas para a inclusão e a aceitação da diversidade[67].

Theo van der Loo, CEO da Bayer citado por Rachel Maia como "exemplo de presidente", considera que o Brasil vive um "*apartheid* velado". O executivo fala sobre as políticas que adota em sua empresa para garantir maior presença de negros no quadro de funcionários e, sobretudo, em cargos de liderança:

> Nós abrimos vagas específicas, onde falamos que procuramos candidatos afrodescendentes. Para os estagiários, criamos as

---

[65] https://complemento.veja.abril.com.br/entrevista/rachel-maia.html
[66] https://www.youtube.com/watch?v=s7AvprLixGk
[67] https://complemento.veja.abril.com.br/entrevista/rachel-maia.html

> metas de 20% serem afrodescendentes. Hoje, de um total de quatro mil funcionários, 20% são afrodescendentes — mas a maior parte está nas fábricas e, de 3% a 5%, nos escritórios (com nível máximo de gerência). Portanto, ainda é um desafio para a Bayer aumentar esse quadro. Mas aumentando a consciência e o apoio interno, ajuda. Os funcionários precisam acreditar que essa ação é genuína na empresa. E tudo que faço é de coração, porque se você delegar só para o RH, você não avança, só fica bem na foto. Na hora que CEO se envolve pessoalmente, de coração, a área de RH se sente apoiada, a área de comunicação também. Hoje, na área de RH, já temos pessoas negras fazendo a seleção de novos funcionários e, na empresa, temos o grupo BayAfro, que faz plano de ação e cobra resultados da empresa. Esse movimento precisa ter vida própria — não depender só de mim[68].

Por não ser meu lugar de fala ou tema específico de pesquisa, não vou aprofundar a discussão da interseccionalidade enfrentada pelas mulheres negras. Porém, faço questão de ressaltar que, quando se luta contra a baixa presença de mulheres em cargos de liderança (e todas as outras dificuldades que elas enfrentam na carreira), não se pode deixar de considerar o racismo e o abismo racial que ainda existem no meio corporativo (e na sociedade como um todo, obviamente).

Estudos realizados por pesquisadores das universidades de Harvard, Boston e Wellesley[69,70] concluíram que o motivo principal da disparidade salarial entre os gêneros é o casamento e os filhos, em razão da divisão desigual do trabalho doméstico entre o casal (mesmo quando a esposa também trabalha em horário integral fora de casa). No início da carreira, homens e mulheres ganham salários similares. A diferença de remuneração amplia-se significativamente duas décadas após o começo da vida profissional. As pesquisas citadas mostram

---

68 https://epocanegocios.globo.com/Carreira/noticia/2017/11/o-brasil-vive-um-apartheid-velado-diz-presidente-da-bayer.html
69 BARTH, E.; KERR, S; OLIVETTI, C. **The Expanding Gender Earnings Gap**: Evidence from the LEHD-2000 Census. Disponível em: https://www.aeaweb.org/conference/2017/preliminary/paper/hBAFsy2Z. BARTH, E.; KERR, S; OLIVETTI, C. **The Dynamics of Gender Earnings Differentials**: Evidence from Establishment Data. Disponível em: http://www.nber.org/papers/w23381.
70 The Gender Pay Gap Is Largely Because of Motherhood. **The New York Times**, maio de 2017. Disponível em: https://www.nytimes.com/2017/05/13/upshot/the-gender-pay-gap-is-largely-because-of-motherhood.html?utm_campaign=o_que_estamos_lendo_20170514&utm_medium=email&utm_source=RD+Station&_r=0.

que mulheres solteiras e sem filhos tendem a continuar recebendo um salário similar ao dos homens na mesma função. As que se casam e as que têm filhos, em geral, enfrentam o *gap* salarial, que é ainda maior para aquelas com ensino superior e cargos mais elevados. As casadas sem filhos também ganham menos do que os homens, por diversas razões: uma delas é que os empregadores lhes dão menos responsabilidades, pois assumem que elas terão que cuidar de filhos no futuro. Esse *mindset* organizacional é mais uma barreira que as mulheres precisam enfrentar.

Pesquisadores da Universidade de Stanford realizaram um experimento[71] para verificar a possível discriminação que mães enfrentam no mercado de trabalho em termos salariais. Foram distribuídos aos participantes do estudo currículos idênticos de supostos candidatos a um posto de consultoria de gestão: uma parte dos currículos foi com nome de homem, e a outra, com nome de mulher. Fora o nome, a única diferença entre os currículos era que parte deles mencionava que a candidata ou candidato fazia parte de uma associação de pais e professores, para que este fosse identificado como mãe/pai. Por meio do contato com o currículo, os participantes do experimento deveriam avaliar a competência do candidato, fazer uma oferta de salário e opinar se o candidato em questão deveria ser contratado para o cargo ou não.

O resultado encontrado confirmou a hipótese inicial dos pesquisadores: a profissional que foi classificada como mãe foi avaliada como menos competente do que os outros (embora o currículo de todos fosse igual). Como consequência, comparando apenas os currículos com nome feminino, a profissional mãe apresentou chance de contratação muito menor (84% dos currículos de profissionais "não mães" receberam recomendação de contratação, *versus* 47% dos currículos das mães) e obteve oferta de remuneração mais baixa (em US$ 11 mil dólares por ano, ou 7,4%) do que a profissional "não mãe". A proposta salarial, obviamente, obedece a uma expectativa de performance. Como a expectativa social dominante é de que a mãe tenha dedicação intensa à família, pressupõe-se que ela terá uma performance pior no trabalho. Como os pesquisadores ressaltam, existe um

---

71 CORRELL, S; BENARD, S.; PAIK, I. Getting a Job: Is There a Motherhood Penalty?. **American Journal of Sociology**, v. 112, n. 5 (March 2007), p. 1297-1339.

conflito entre o que normalmente se espera de um excelente funcionário (dedicação intensa de tempo e energia à empresa) e o que se espera de uma excelente mãe (dedicação intensa de tempo e energia à família). Por essa definição cultural, uma boa mãe vai dedicar menos esforço e priorizar menos o trabalho remunerado e, portanto, será uma funcionária menos comprometida. De acordo com a pesquisa,

> é importante ter em mente que a tensão entre estes dois papéis ocorre no nível das suposições culturais, e não necessariamente no nível de compromisso de cada mãe com seu papel no trabalho. De fato, se comprometimento com o trabalho for medido pela importância que as pessoas atribuem à sua identidade como profissionais – em termos absolutos ou relativo a outras identidades, como a identidades familiares – nenhuma diferença é encontrada no comprometimento demonstrado pelas mães em relação às mulheres sem filhos[72]. (BIELBY; BIELBY, 1984)

Já para o homem, a pesquisa de Stanford mostrou que a paternidade não trouxe custos em relação à expectativa de performance ou à percepção de competência. Ao contrário: para eles, casamento e filhos trazem benefícios profissionais, como salário maior e expectativa de ainda mais dedicação ao trabalho (possivelmente por causa da dedicação ao lar por parte da esposa). Comparando apenas os currículos com nomes masculinos, os pais receberam propostas salariais substancialmente maiores do que os profissionais "não pais". Segundo os pesquisadores de Stanford, existe no mercado um **prêmio-paternidade**:

> Concepções culturais de paternidade nos Estados Unidos frequentemente incluem o direito a um bônus "salário-família" que garanta que os homens casados possam ser arrimos de família. Já há evidências a respeito disso: quando crianças com menos de seis anos são incluídas nas equações salariais masculinas, elas exercem um efeito positivo e significativo sobre os salários.

Em 2018, uma campanha do nosso Ministério do Trabalho perguntou nas redes sociais "o que é ser trabalhadora". A maioria das respostas que li falava da sobrecarga da dupla jornada para a mulher, do preconceito e

---

72 BIELBY, Denise D.; BIELBY, William T. Work Commitment, Sex-Role Attitudes, and Women's Employment. **American Sociological Review**, n. 49, 1984.

da discriminação de gênero que enfrentamos no meio empresarial. Uma das respostas, em especial, resumiu bem a nossa situação: "O mercado de trabalho quer que a gente trabalhe como se não tivesse filhos. A sociedade quer que a gente crie os filhos como se não trabalhasse". Xeque-mate. Há que se alterar esse cenário.

CAPÍTULO 3

LIDERANÇA: TEORIA E PRÁTICA

Até aqui, tratei de algumas barreiras importantes à ascensão da mulher ao poder nas empresas e sugeri alguns caminhos de superação. Aprendendo a enxergar de cima o labirinto de cristal, você amplia suas chances de crescer profissionalmente e chegar a cargos executivos. Vamos, agora, trazer algumas reflexões sobre liderança na atualidade, unindo a teoria com os conselhos e vivências das nossas entrevistadas, para ajudá-la a se tornar uma líder ainda melhor.

1. Primórdios da teoria

Em um cenário organizacional de forte concorrência, mudanças constantes e altas exigências de adaptação e resultado, as empresas buscam, cada vez mais, líderes capazes de montar e gerir equipes de alto desempenho. Liderança é o processo de influenciar o comportamento de outras pessoas para alcançar objetivos em uma dada situação. A palavra-chave mais comum na maioria das definições é "influenciar". Eu ainda prefiro "inspirar".

A liderança é um dom ou pode ser desenvolvida? As primeiras pesquisas acadêmicas sobre o tema surgiram no século XX. No início da teoria de liderança (até final dos anos 1940), defendia-se que ela era inata e dependia de "traços" que algumas pessoas possuíam, envolvendo competências, características físicas e de personalidade. Por esse ponto de vista, o líder já nascia líder. Essa abordagem, embora seja ainda tão presente no senso comum (com a ideia de dom), mostrou-se insuficiente. Nem todos os líderes apresentam os mesmos traços. E o fato de uma pessoa apresentar traços associados à liderança não garante que ela seja uma líder eficaz. Além disso, hoje se acredita que é possível desenvolver muitas das características e competências importantes para a liderança.

Na década de 1960, ganharam destaque as teorias comportamentais de liderança, que lançavam luz sobre as ações do líder junto à equipe, sua interação com os liderados, e buscavam descobrir qual *estilo* de liderança apresentava melhores resultados. Em vez de focar as características inatas do líder, essa abordagem enfatizava os comportamentos necessários ao exercício da liderança eficaz. Nessa época, as universidades de Michigan e Ohio empreenderam pesquisas empíricas relevantes nessa linha.

Os estudos de Michigan investigaram dois estilos diferentes de liderança: centrado em tarefas e centrado em pessoas. O estilo orientado para a tarefa prioriza as tarefas dos liderados e os métodos utilizados para realizá-las. O estilo focado em pessoas prioriza as necessidades dos empregados, a construção de relações interpessoais e a manutenção do grupo. Nesse contexto, o estilo de liderança com foco em pessoas apresentou melhores resultados no que diz respeito a produtividade, satisfação dos funcionários e baixa rotatividade. O estilo com foco na tarefa resultou em menor produtividade com mais frequência. Mesmo quando a produtividade era alta, o líder centrado na tarefa gerava, na equipe, menor satisfação com o trabalho e maior rotatividade. As pesquisas de Michigan receberam algumas críticas relevantes. Uma delas é o fato de apresentarem uma simplificação exagerada: os líderes observados eram classificados como centrados na tarefa ou no empregado, mas não eram consideradas as características de ambos os estilos em um mesmo líder.

Superando essa visão unidimensional de liderança, os pesquisadores de Ohio defendiam que o estilo do líder pode possuir características das duas dimensões (pessoas e tarefas), com diferentes ênfases. Uma das conclusões apresentadas por esse grupo foi que os líderes com alto foco em ambas as dimensões ao mesmo tempo (chamado "líder alto-alto") costumam obter índices elevados de desempenho e satisfação dos funcionários com mais frequência do que aqueles com baixa ênfase em uma dessas dimensões ou em ambas. Leila Velez parece ilustrar essa teoria, ao definir de forma bem-humorada o seu estilo de liderança:

> Eu acho que sou meio esquizofrênica: metade coração no último e a outra metade eu sou um general russo! Ambos muito intensos. Eu acho que o Beleza Natural é muito assim. Não dá pra crescer sem disciplina, sem organização, sem processo. Eu adoro um gráfico, adoro um Excel, adoro um indicador, adoro o controle do como fazer melhor, sabe? De você se desafiar o tempo inteiro a fazer melhor. Não dá pra fazer se você não tiver histórico, se você não tiver decisões, se você não tiver processos. Então, isso pra mim é muito fascinante. Trazer a matemática, trazer a lógica para uma coisa que é tão emocional quanto o serviço. Por exemplo, quando a gente lançou o livro, o *book* de cortes. Corte é uma coisa extremamente individualizada nos institutos. As pessoas às vezes têm uma relação muito pessoal com o cabeleireiro e querem seguir aquele cabeleireiro por toda a sua vida porque acham que só aquela pessoa sabe cortar o seu cabelo. Então, quando a gente foi fazer o nosso manual de cortes, isso era uma questão, porque cada cabeleireiro tinha um estilo. A gente já tinha o processo para os tratamentos químicos, aplicação dos produtos, mas corte ainda era um desafio. Cada cabeleireiro tinha um jeitinho, era muito pessoal. E a gente foi fazer um trabalho de trás para a frente, entender quais eram os cortes mais importantes, os que realmente valorizavam o fio cacheado. A partir desse modelo visual, entender como nós poderíamos trazer o modelo matemático para garantir aquele resultado. A gente dividiu o cabelo em quadrantes, em ângulos, em medidas que foram transformados em uma fórmula matemática. Então, o cabeleireiro tem todo o lado pessoal do carinho, mas a forma não tem variação. Qualquer um pode aprender e fazer com o mesmo nível de entrega. Então, esses dois lados sempre foram complementares.

Os resultados dos estudos comportamentais de Michigan e Ohio não foram conclusivos, mas forneceram bases importantes para teorias contemporâneas.

Vimos, portanto, que a teoria de liderança começou com interesse exclusivo na figura do líder. Depois, incluiu a relação dele com os liderados, com foco nos estilos de liderança. Já as teorias contingenciais, que ganharam destaque após as comportamentais, começaram a levar em conta o *contexto* em que a liderança ocorre. A ideia central, válida até hoje, é que não existe um estilo de liderança que seja mais eficaz, independentemente da situação. Os fatores situacionais reúnem duas linhas básicas: características dos liderados (perfil comportamental, necessidades, experiência, capacidade, autoconfiança etc.) e características do ambiente de trabalho (econômicas, culturais, poder da posição do líder, relações líder/liderados etc.). Diferentes contextos exigem adaptação do comportamento do líder, que precisa ser capaz de assumir vários estilos de liderança, ainda que haja uma propensão pessoal a determinado estilo.

Nas entrevistas que realizei, percebe-se a atenção que as líderes dedicam às condições da empresa e às características de cada liderado ao buscarem o estilo de liderança mais adequado. Entre as executivas com quem conversamos, é recorrente a convicção de que, ainda que cada líder tenha sua personalidade e possa ter um estilo de liderança predominante, situações/seguidores diferentes pedem posturas diferentes, e um líder eficaz deve ter essa capacidade de adaptação. Claudia Sender, por exemplo, assumiu a presidência da TAM em um período de reestruturação da empresa e adotou um estilo de liderança mais autocrático, centralizador, com foco em tarefas. Passada essa etapa da empresa, ela pôde enfatizar uma liderança mais democrática e mais "cuidadora" de pessoas. Sender fala sobre essa capacidade de adaptação que o líder precisa ter:

> Não tem uma forma só de lidar ou um estilo só de liderança, quer dizer, depende de cada um, de onde mora a autoestima de cada um, a competência de cada um. Essa coisa de estilo de liderança eu acho que ela é... Ela dura pouco! [risos] A gente tem que adequar. O que funciona em um momento não funciona em outro. A gente passou por momentos muito difíceis aqui na TAM, quando a gente fez uma reestruturação em 2013. Foi logo depois que eu assumi a presidência. A empresa precisava de liderança, de *guideness*, as pessoas precisavam de um norte do que fazer e estava todo mundo meio perdido: "O que a gente vai fazer?". É um momento duro, é um momento difícil. Então, agora a gente veste o papel de líder controlador. Não é muito o momento de

você incluir. Se você abrir muito, gera um caos, as pessoas se perdem e não sabem o que fazer. Depois disso, vem o momento de cuidar da companhia, cuidar daqueles que ficaram. Então, eu não acredito que exista um jeito único, acho que o líder que tenta se prender a um jeito único fica velho, fica ultrapassado, porque as pessoas evoluem, o mercado evolui, a tecnologia evolui, e se você não evoluir com isso... Eu não sou a mesma pessoa que eu era quando passei por aquele processo. Eu era uma boa líder, mas, provavelmente, sou hoje uma líder muito diferente do que eu precisei ser em 2013, quando a gente passou pela reestruturação. Então, eu acho que tentar se autodefinir e se encapsular, falar que "eu sou uma líder de pessoas ou de processos..." Vai depender muito do momento que a empresa está passando, do momento pelo qual você está passando, e a sua equipe.

Sylvia Coutinho se define como uma líder contra hierarquias, acessível, de estilo mais democrático e com foco maior em pessoas. Mas o estilo autocrático, que ela define como *command and control*, pode ser necessário em momentos de crise da empresa, que exige decisões firmes e rápidas por parte do líder. No dia a dia, prefere debater com a equipe e dar liberdade a seus liderados para discordarem dela, por acreditar que, com a diversidade de argumentos e pontos de vista, há um ganho de qualidade nas decisões. Sylvia procura ser *approachable*, de modo que as pessoas de todos os níveis hierárquicos da empresa se sintam à vontade para abordá-la. Se alguém de nível hierárquico inferior está vendo algo errado, precisa se sentir encorajado a dar sua opinião.

Para a executiva, "na hora em que você cria isso, você tem fusíveis em todo o circuito elétrico. Você tem que ter gente no meio falando assim: 'Isso eu não vou fazer, isso está errado, isso eu acho que não'". A CEO ressalta que, no mundo de hoje, pode acontecer de o estagiário saber mais sobre o que vai afetar a empresa do que o presidente, já que os jovens estão muito mais próximos das mudanças tecnológicas. Por isso, mais do que nunca, é necessária essa fluidez na administração, com todo mundo entendendo a estratégia da empresa. Uma organização amplia suas chances de sucesso quando todos os funcionários se sentem parte do processo e percebem que podem influenciar o resultado final.

Paula Bellizia ressalta a capacidade de adaptação aos liderados que enxerga no líder Bernardinho, técnico de vôlei:

> Ele [Bernardinho] deu uma entrevista logo depois que eles ganharam o jogo da semifinal das Olimpíadas. Ele não está gritando mais na quadra. Ele quase explode. Ele falou: "Se eu continuasse a ser o mesmo líder, ia perder esse grupo. Esse grupo não admite". Agora ele tem que ser mais *coach*, mais inspirador... Para mim isso é *growth mindset* [mentalidade de crescimento, em tradução livre], porque ele não pode mais ficar usando a mesma caixa de ferramentas. Eu acho que esse atributo de abertura para aprender é muito importante na liderança. E, olha, desde a minha casa, eu fiz meu marido ler o livro de *growth mindset*. Eu li o livro, está na minha cabeceira, porque você usa na educação dos seus filhos, na forma que você se desenvolve, na empresa... E é um livro gostoso, rapidinho, da professora Carol Dweck[73].

A capacidade de adaptação a diferentes pessoas e situações é citada por Arthur Diniz, especialista em liderança, como uma das características essenciais para o líder do futuro. Para Diniz:

> O líder moderno é criativo, não somente no sentido literal da palavra. É criativo porque pode exercer papéis diversos e se comporta de maneira diferente de acordo com as situações que se apresentam e principalmente com pessoas diferentes. Conhece o perfil comportamental de seus liderados e se adapta a eles. [...] A capacidade de causar impacto de um líder está nessa sua "caixa de ferramentas", ou seja, na sua habilidade de assumir diferentes posturas e estilos, de acordo com a necessidade do momento. Aquele líder que só sabe ser duro ou ser bonzinho estará sempre limitado a esse comportamento[74].

Claudia Sender reforça a ideia de que o comportamento do líder deve considerar e se adaptar às características de cada liderado. É preciso considerar o momento de cada um, sua capacidade, sua experiência, sua autoestima. Por exemplo, para tirar alguém da zona de conforto com um grande desafio, é desejável que esse liderado tenha um alto nível de autoconfiança. Para Sender, é função do líder "entender onde está cada

---

[73] DWECK, Carol S. **Mindset**: a nova psicologia do sucesso. São Paulo: Objetiva, 2017.
[74] DINIZ, Arthur. **Líder do futuro**: a transformação em líder coach. São Paulo: PAE, 2012, p. 29-30.

um em cada momento e fazer com que ele consiga maximizar a entrega dele mais a entrega do todo".

Chilvarquer abordou a necessidade de adaptação do líder ao perfil de cada liderado para aumentar a sua influência sobre ele e potencializar os resultados. Assim, é preciso tratar cada pessoa como ela gostaria de ser tratada, de acordo com suas características de personalidade:

> Tem um lado de sensibilidade que eu tento trabalhar cada vez mais em mim, no meu trabalho de gestão de pessoas. Eu tenho um time de quinze pessoas, sou muito mão na massa, mas tenho que fazer as pessoas estarem felizes para elas fazerem o que elas têm que fazer. Então, sensibilidade para entender o todo da pessoa, saber como falar com a pessoa ajuda muito. Saber se ela tem um lado mais emocional ou um lado mais racional... E, nesse aspecto, eu sinto que às vezes os homens têm um pouco menos de paciência para pensar em como falar com aquela pessoa especificamente da forma como ela gostaria de ser tratada. "Ah, mas é o meu estilo! Eu tenho que ser falso?". Não, mas pense um pouco melhor em como você fala com a pessoa pra ela receber a mensagem da melhor forma possível.

2. Novas teorias de liderança

Algumas teorias contemporâneas de liderança vêm ganhando destaque, levando em conta a concepção de liderança como um *processo* que envolve três variáveis principais: características do líder, características dos liderados e contexto situacional. É a partir da relação entre essas variáveis que um líder emerge em um grupo em determinada situação, ou seja, passa a ser considerado líder pelos outros membros. O fato de uma pessoa ocupar um cargo de chefia não lhe garante sua aceitação como líder da equipe. Sem pretender esgotar o assunto, gostaria de ressaltar algumas das teorias atuais, que abordam: liderança transacional, liderança transformacional e liderança servidora. Quase todas as líderes que entrevistei possuem um estilo dominante mais afinado com a liderança transformacional ou servidora, com foco em pessoas.

a) Liderança transacional

Um líder transacional busca compreender o que seus seguidores desejam receber a partir de seu trabalho e tenta proporcionar a eles recompensas, se o resultado apresentado for merecedor. Para isso, é necessário comunicar objetivamente aos liderados as expectativas de desempenho, deixando claro o vínculo entre níveis de atuação e recompensa ou punição. Trata-se de uma troca, em que a motivação principal dos seguidores está ligada à recompensa individual. Os líderes transacionais monitoram constantemente o desempenho dos liderados. Um exemplo de organização que prioriza esse tipo de abordagem na liderança é a Ambev, com uma cultura de foco intenso em resultados, em que há exigência de cumprimento de metas ambiciosas (individuais e de equipe) em troca de bônus financeiros. Deixar de cumprir as metas algumas vezes seguidas também pode gerar punição, inclusive com demissão. Nesse contexto, vida pessoal, questões domésticas ou familiares dos liderados não são priorizadas.

b) Liderança transformacional

Na abordagem transformacional, os líderes conseguem motivar seus seguidores a buscar um desempenho profissional além das expectativas. Têm habilidade de modificar o foco de seus liderados, fazendo com que estes coloquem os propósitos da equipe e da organização à frente dos individuais. Mas é preciso que o líder genuinamente se identifique com os valores e com a missão da empresa. Os líderes transformacionais são vistos como modelo pelos liderados, levando-os a seguir seu exemplo. Contam com a confiança e comprometimento dos seguidores. Com isso, esses líderes podem ajudar a reforçar ou realinhar os valores e normas da organização. Esse tipo de líder se empenha em promover a cooperação e o trabalho em equipe, estimula o compartilhamento de ideias e a tomada de decisões participativa. Investe na construção do sentimento de pertencimento e lealdade ao grupo. Trata-se de uma liderança democrática, que delega parcela significativa de autoridade e responsabilidade. Por enfatizar o interesse coletivo e visões compartilhadas de mundo e de futuro, a liderança transformacional apresenta forte potencial como agente de mudanças significativas para a organização. Estudos com empresas e o exército dos Estados Unidos, Canadá e Alemanha mostraram que a liderança transformacional está mais fortemente correlacionada com maior produtividade, maior satisfação dos funcionários e níveis mais baixos de rotatividade do que a transacional. Mas, como vimos anteriormente, não podemos afirmar que esse tipo de liderança alcançará *sempre* melhores resultados.

Meu primeiro líder no âmbito profissional foi Francisco Gregório Filho. Um mestre na arte da liderança transformacional/servidora. Eu tinha 23 anos, era meu primeiro emprego. Ele conseguia motivar a equipe a trabalhar voluntariamente no domingo, inclusive eu. E íamos felizes, por acreditar que estávamos perseguindo objetivos nobres para a organização e para o Brasil: estimular a leitura, formar um país leitor. Ou seja, ele construía um sentido maior para o trabalho e conseguia comunicá-lo com clareza e nos contagiar. Líderes transformacionais convencem os liderados quanto à importância de seguir uma determinada visão ou missão, bem como as estratégias necessárias para concretizá-la. Leila Velez dá a sua versão:

> Você tem que trazer mais pessoas para o barco e as pessoas só vão fazer aquilo que você deseja se elas também desejarem. É muito mais ter a capacidade de fazer o sonho virar um... quase que um gosto, uma visão clara, um som, as pessoas sonharem o seu sonho. Está na sua cabeça, mas, se você não for capaz de multiplicar isso, você sabe? De quase dar para a pessoa segurar: "A gente só precisa construir, está pronto ali, está no futuro, vamos fazer junto? Vamos construir essa estrada?".

A abordagem transformacional de liderança se baseia no carisma do líder e em sua capacidade de inspirar, estimular seus seguidores intelectualmente e considerá-los individualmente. Trata-se de um líder que está disponível para orientar como um professor ou treinador: aconselha, lança questões que provocam reflexões produtivas, dá atenção personalizada. Além disso, motiva cada seguidor a fazer mais do que o esperado, a desenvolver-se e crescer continuamente, ampliando sua autoconfiança. Como fazer isso? Não há uma receita única. Depende do perfil dos seus liderados, da cultura organizacional, do ramo em que você atua etc.

No Beleza Natural, por exemplo, parte considerável das colaboradoras não tem ensino superior e não fala outras línguas. Na posição de CEO, Leila Velez consegue inspirar suas lideradas com seu exemplo de superação e estimulá-las a continuar os estudos, ampliando as possibilidades pessoais e de carreira. Ao perceber que muitas não se imaginam estudando inglês, por virem de famílias com pouco estudo, Leila conta a elas que aprendeu a falar inglês fazendo faxina em um curso de idioma. Ajudava na recepção, ajudava na limpeza, ajudava no que fosse preciso durante todo o período de férias para ganhar bolsa no semestre seguinte. Assim, estudou em todas as filiais que o curso tinha, porque precisava ficar na turma que tivesse vaga. Às vezes, ficava três horas no ônibus para ter uma hora de aula. Fez isso ao longo de alguns anos, e conseguiu se formar. Hoje, dá palestras em inglês no exterior e sua empresa tem filial nos Estados Unidos. Leila percebe que suas lideradas se identificam e se motivam com sua história: "Você volta dois ou três meses depois e elas falam: 'Olha, eu já me matriculei, consegui um desconto, consegui uma bolsa'. Isso pra mim é uma avalanche de adrenalina, de força, de motivação". Além do exemplo de determinação e superação de Leila, outras funcionárias acabam se espelhando também nas colegas ao lado, que voltaram aos estudos. Predomina o pensamento: "Se ela conseguiu, eu também consigo". Com isso, o exemplo reverbera em efeito cascata.

Um líder transformacional consegue fazer com que seu seguidor descubra um potencial que nem o próprio funcionário acredita que tem. Trago um exemplo pessoal que marcou minha vida. Aos 23 anos, trabalhava no Programa Nacional de Leitura da Biblioteca Nacional como assessora técnica. Nessa época, cursava o mestrado de Administração de Empresas no Instituto de Pós-Graduação e Pesquisa em Administração (Coppead) da UFRJ, e já estava muito envolvida com a escrita de poesia e a formação de leitores. Meu coordenador à época, Francisco Gregório Filho, uma autoridade como poucas na área de leitura no país, chamou-me em sua sala e comunicou que havia me escolhido para substituí-lo em uma palestra sobre Leitura e Cidadania para centenas de professores em outro estado. Demonstrei meu receio de não dar conta, já que nunca havia feito uma palestra antes. Com a serenidade de sempre, ele me disse que, pelo que me conhecia, tinha certeza de que eu faria um excelente trabalho. A viagem seria no dia seguinte. Sobretudo para não decepcioná-lo, praticamente não dormi naquela noite, estudando tudo que consegui sobre o tema e preparando a palestra. Minha performance diante dos docentes gerou uma tremenda autodescoberta. Foi a semente da minha decisão de carreira como professora.

Em nossa conversa para o livro, ao se definir como líder, Luiza Trajano enfatizou seu desejo de servir, desenvolver e transformar pessoas (incluindo ela mesma). Para ela, líder é aquele que leva as pessoas mais longe do que elas acham que podem ir e também se leva mais longe. Luiza afirma, com segurança, que consegue tirar o melhor das pessoas, desenvolvê-las, desde que elas tenham vontade: "Qualquer pessoa que vive perto de mim ou que passa um ou dois dias comigo, eu sempre tiro o melhor dela e ela sabe o que é o melhor, [sai] acreditando mais nela". Além disso, a executiva também se empenha em superar seus limites, buscando ir além do que acredita que possa alcançar. Segundo Luiza, não adianta o líder desenvolver pessoas e não buscar o seu próprio desenvolvimento. Ela confessa que tinha uma grande dificuldade em lidar com as redes sociais. Foi pedir ajuda a seu neto, empenhou-se bastante e, hoje, sua conta no Instagram é um grande sucesso. Em contrapartida, acredita que seu neto e os mais jovens podem aprender com ela a capacidade de servir, competência fundamental para os líderes do futuro.

Luiza Trajano foi citada por várias das executivas entrevistadas como modelo e referência em muitos aspectos da liderança, sobretudo na competência comunicacional, no carisma, no poder de inspirar, na capacidade agregadora. Tudo isso ficou bastante evidente para mim durante nossa entrevista. Entre outras coisas, devo a ela um impulso fundamental para a elaboração deste livro. Luiza foi minha primeira entrevistada, acreditou no projeto e, com uma postura bastante generosa, viabilizou meu contato com algumas outras líderes que participam do livro. Serei para sempre grata a ela. Duda Kertész foi uma das entrevistadas que citaram Luiza Trajano como líder inspiradora no meio empresarial:

> A Luiza é uma pessoa muito bacana. O que eu gosto nela... Tem uns aspectos que eu acho muito diferenciados, muito próprios. Primeiro, é uma transparência enorme. Tem esse lado que eu gosto, ela fala sempre o que pensa, não importa se está com o presidente da República ou se está com uma amiga, ela fala sempre o que pensa. Ela tem uma capacidade de mobilização enorme, um carisma absurdo, e tudo isso numa simplicidade incrível. Ela é demais.

c) Liderança servidora

A liderança servidora e a transformacional guardam muitas afinidades. Ambas focam a valorização dos indivíduos, o desenvolvimento (transformação) de pessoas e a ligação com o grupo por parte dos liderados. Ao mesmo tempo, estimulam a cooperação e o trabalho em equipe. O líder servidor, como o transformacional, encontra e consegue fazer com que os liderados enxerguem um sentido maior para o trabalho, ligado à promoção do bem comum e para o qual valha a pena dedicar sua vida. Com isso, gera altos níveis de engajamento na equipe em torno de determinado propósito. O diferencial do líder servidor está na ênfase em servir àqueles que o seguem (e às pessoas em geral). A imagem que têm de si mesmos é a de servidores, e não de chefes ou líderes. Em geral, possuem a competência da humildade aflorada e não têm como meta única ou central na sua vida profissional a busca por cargos e salários. Têm uma visão mais ampla da liderança, utilizando as possibilidades que o cargo lhes confere para melhorar a vida das pessoas e construir um mundo mais justo.

Angela Brandão, que passou em um concurso para ser jornalista do Senado aos 24 anos de idade, é um exemplo emblemático de liderança servidora. Assim ela se define: "Eu não fui aquela pessoa que ambicionou ser uma gestora, eu não fui uma pessoa que ambicionou uma liderança corporativa. Muito pelo contrário. Eu sou servidora pública. Eu sou servidora". Quando recebeu o convite para o cargo de diretora de Comunicação do Senado, Angela, que também é compositora de MPB e escritora, tinha um filho de 5 anos e uma filha de 1 ano e 3 meses. Ela conta que relutou em aceitar por causa do momento pessoal, mas cedeu ao apelo do seu companheiro. Ele, que é diplomata, argumentou que Angela havia feito concurso para servir à sociedade, passou anos se preparando para isso, sabe que tem condições de servir no cargo oferecido. Angela ponderou que passaria mais tempo longe da família e recebeu apoio incondicional do marido nesse aspecto também.

O espírito servidor de Angela inspira sua equipe e gera intensa mobilização em torno do propósito de contribuir com o país:

> Por um lado, eu estou cercada de servidores públicos. Por outro, estou fazendo um serviço que "compete" no mercado com entes privados, que apresentam um padrão que o consumidor exige. Como incorporar [esse padrão]? Só tem um jeito: motivando. Eu não posso demitir, eu não posso contratar, eu não tenho prêmio para o que se destaca nem punição para o cara que é medíocre. O que eu fiz, então, quando cheguei, foi chamar todo mundo para esse projeto, que é: essa sociedade precisa de uma democracia, nós estamos aqui vivendo este lugar-chave, convocar as pessoas a entender a importância do que estávamos fazendo e contar com quem estava lá disposto a fazer isso. Só que o ciclo virtuoso também acontece. Eu não ganho nada a mais para fazer isso. Financeiramente, nada. E eu consegui outras pessoas que estavam ali e também não ganham financeiramente nada a mais pelo cargo a "bora trabalhar quinze horas, bora trabalhar fim de semana!". Tem uma coisa superbonita que, quando a gente foi refazer o estúdio da TV Senado, a gente queria lançar uma programação com mais jornalismo, com mais esclarecimento, e as pessoas entraram naquela motivação para fazer, a gente pegou as melhores cabeças pensantes, as pessoas estavam entrando como voluntárias, trabalharam sábado, as pessoas que tinham direito a recesso trabalharam durante o recesso para fazer isso. E o que eu achei mais bonito foi que, a uma certa altura, a gente conseguiu fazer um outro cenário, mas não tinha grana para o piso, porque, licitação, muito difícil... E, quando eu cheguei, o piso estava colocado, porque as pessoas se cotizaram e pagaram. A própria equipe se cotizou e colocou o piso. Tipo: "Bora fazer!".

> Quando a gente lançou isso e eu fui agradecer à equipe, eu falei: "Muito obrigada, muito legal ver este projeto!". As pessoas me abraçaram e falaram: "Obrigada a você, porque a gente gosta de trabalhar". Isso, para mim, foi muito legal! Claro que isso tem uma malha, você faz isso por um *punch* de uma mudança, de um projeto, e porque você acredita. Mas não é que as pessoas vão trabalhar treze horas por dia o resto da vida sem ganhar nada a mais, porque chega uma hora, né? E aí você tem o ciclo positivo. Aí sai o resultado, o resultado é superpositivo, e a pessoa vai fazer mais. Eu sou do chão de fábrica: vamos fazer, bora ouvir, bora pensar um projeto todo mundo. Não é que eu fui sempre chefe. Eu passei por várias áreas da comunicação ali dentro, e um belo dia fui ali para cima.

Renata Chilvarquer, à época diretora de Educação Empreendedora da Endeavor, também se alinha com esse perfil de liderança servidora. Sua opção por atuar no terceiro setor e na área de educação já fala por si. Na entrevista, quando lhe perguntei sobre suas metas profissionais, sobre o que almeja na carreira, ela respondeu enfatizando as causas e pessoas às quais ainda deseja servir, como vemos no trecho a seguir:

> Eu sou superapaixonada por educação. Recentemente, eu me enquadrei no mundo da educação, então eu gostaria muito de empreender em um negócio em educação em que eu veja muito sentido. Na verdade, até uma ideia que eu tenho é trabalhar com *business* para mulheres, mas para mulheres desprivilegiadas, assim, as *working moms*. Lucelena, eu vou precisar muito das suas teorias, muito. Eu vejo que essas pessoas abrem muito mão da vida, da pessoalidade delas, da identidade delas. É algo além do trabalho, é a pessoalidade, elas não têm mais identidade... Sabe tipo *A hora da estrela*? Eu vejo muita mulher assim, diarista, um perfil que abre mão da identidade delas para ser mãe, para trabalhar e afins, e eu acho que há um potencial importante para trabalhar com essas pessoas. Mas, enfim, eu gostaria de primeiramente desenvolver algum negócio que possa impactar mais gente. Se eu achar – eu sou muito pouco egoísta nesse aspecto –, se eu achar alguma ideia que já esteja pronta e em que eu acredite, e que trabalhe com uma causa que me motive, não tenho problema nenhum de trabalhar junto com essa pessoa. Mas eu gostaria muito de liderar esse processo em que eu possa

ver esse impacto na ponta e acreditar, e ver o impacto, no final, de ajudar muita gente.

A ex-diretora da Endeavor cita Leila Velez como modelo de líder com espírito de servir. De fato, ajudar os outros, transformar para melhor a existência das pessoas faz parte da missão de vida de Leila. O Beleza Natural veio para ampliar suas possibilidades nesse sentido. Chilvarquer traça um paralelo entre a empresa de Velez e a Endeavor: em ambas, a paixão por servir e entender o porquê de estar fazendo isso faz toda a diferença.

3. Competências de liderança

Hoje, é praticamente um consenso na literatura da área a concepção de liderança como um processo que ocorre entre líderes e seguidores, e sofre influência de diversas variáveis, como: características do líder; necessidades, objetivos e características dos liderados; contexto situacional. Um exemplo esclarecedor para se pensar a liderança nessa perspectiva é o do filme *Vivos*. Este narra um caso real, tido como uma das mais emocionantes histórias de sobrevivência humana de que se tem notícia. Em resumo, o enredo é o seguinte: em 1972, um time amador de rúgbi uruguaio, que reunia estudantes na faixa dos 18, 20 anos, fretou um avião para se deslocar até o Chile, com o objetivo de jogar contra um time universitário desse país. No meio do caminho, ocorreu um acidente, o avião bateu em uma das montanhas da Cordilheira dos Andes e caiu. Dos 45 passageiros (entre jogadores, parentes, amigos e tripulação), 13 morreram. Os sobreviventes ficaram confinados em um vale gelado, sem comida, sem roupas adequadas para o extremo frio da região, sem banheiro, ou seja, em total precariedade de recursos, durante 72 dias. Precisaram enfrentar tempestades e até uma avalancha. Nessa situação, a liderança fez a diferença entre a vida e a morte para muitos deles. Os jogadores formavam uma equipe cujo capitão era Antonio Balbi, que tinha um estilo de liderança autocrático, centralizador, assertivo – características adequadas para o contexto de um esporte rápido e vigoroso como o rúgbi. Logo após o acidente, o capitão assumiu sua posição de líder e trouxe importantes contribuições para resolver os três problemas iniciais do grupo: fome, frio e medo de morrer. Com o passar dos dias, a equipe começou a se incomodar com o comportamento dele e questionou seu papel no grupo. Ao mesmo tempo, Antonio ouviu no rádio que eles haviam sido dados como mortos e as buscas tinham sido suspensas. Seu lado emocional sofreu forte abalo e uma nova liderança começou a despontar: Nando Parrado, um cara tímido e de pouco destaque no grupo.

Com as circunstâncias trazidas pelo acidente, mudaram as necessidades e os objetivos da equipe. Se antes almejavam vitórias, sucesso na carreira etc., agora desejavam sobreviver. O estado emocional do grupo estava muito diferente: todos estavam fragilizados, amedrontados. Fisicamente, encontravam-se enfraquecidos. As competências de liderança que Nando possuía se fizeram valiosas nesse novo cenário. Ele era um líder mais democrático, ouvia muito, não era impositivo ao propor suas ideias, preocupava-se com o bem-estar do grupo e com as necessidades específicas de cada colega em particular. E buscava ajudar. Apesar do estilo de liderança predominante, mostrou-se versátil, adaptando o seu modo de interação à pessoa e à situação. Mostrou-se íntegro e arriscou a vida mais de uma vez para salvar seus colegas. Nesse ambiente tenso, Nando demonstrou alta competência comunicativa e de persuasão.

O novo líder teve as duas ideias que garantiram a sobrevivência do grupo: comer carne humana (dos colegas que morreram no acidente) e andar até o Chile para buscar ajuda. Ele ainda reunia a coragem e a força física necessárias para a travessia dos Andes. Nando planejou a expedição e organizou as tarefas entre os colegas, tais como costurar sacos de dormir improvisados, cortar carne dos mortos para provisão de comida etc., para que o grupo que faria a caminhada pelos Andes – Nando, Roberto Canessa e Tintim – pudesse ir o mais bem preparado possível. Transpor a cordilheira naquelas circunstâncias era extremamente difícil; exigia equilíbrio psicológico, força física e habilidades de escalada. Durante a caminhada, Nando percebeu que a expedição poderia demorar mais do que o previsto e decidiu rever a estratégia. Enviou Tintim de volta à fuselagem do avião, aumentando a provisão de comida para ele e Roberto Canessa.

Assim, em companhia do braço direito que escolheu, o líder Nando escalou as imensas montanhas nevadas dos Andes, sem experiência nem equipamentos adequados, e, movido por sua impressionante determinação, percorreu a longa distância até o Chile (mais de sessenta quilômetros). Logo depois de ter sido resgatado, Nando voltou de helicóptero ao local do acidente para salvar os colegas sobreviventes, numa cena emocionante. Essa experiência fantástica ele conta com detalhes no livro *Milagre nos Andes*, cuja leitura recomendo fortemente. Até hoje, todos os quinze colegas sobreviventes são unânimes em louvar as extraordinárias competências de Nando Parrado como líder.

O filme nos ajuda a compreender a relação entre competências do líder, características dos liderados e contexto situacional. O capitão Antonio Balbi possuía algumas características pessoais que contribuíam para fazer dele um líder eficaz no contexto dos campeonatos de rúgbi. Nando possuía características diferentes, que permitiram que salvasse seus companheiros de equipe no contexto do acidente, em que o grupo era o mesmo, mas encontrava-se em outro estado de espírito, fragilizado, com medo, buscando a sobrevivência.

O teórico Carlos César Ronchi destaca algumas competências que considera fundamentais para a liderança eficaz. É importante ressaltar que, como o filme *Vivos* nos mostra, determinada situação ou grupo pode demandá-las com diferentes ênfases. Entre as competências citadas pelo autor, estão: aprendizado constante, ambição, coragem, flexibilidade, humildade, comunicação, empatia, capacidade de liderar pelo exemplo, integridade, senso de justiça, persistência, capacidade de dar significado ao trabalho, capacidade de avaliar. Claro que algumas dessas competências estão relacionadas. Por isso, a seguir, falarei de algumas delas em conjunto.

a) Ambição: liderança com propósito

A ambição aliada a propósitos coletivos é muito poderosa na liderança. Nas organizações, a ambição do líder não deve estar ligada a um objetivo que beneficie sobretudo a ele próprio, mas deve vincular-se a um propósito maior, cujo foco seja beneficiar o coletivo. Ou seja, a ambição como competência de liderança está associada ao desejo de fazer o bem, de impactar positivamente a vida das pessoas.

A perspectiva da liderança com propósito foi recorrente na fala das executivas entrevistadas. Leila Velez tinha o sonho de promover transformação na autoestima e na vida das mulheres, sobretudo as menos favorecidas socialmente. Não por acaso, Beleza Natural é uma empresa focada em "fazer as pessoas mais felizes, promovendo beleza e autoestima". Todos os funcionários precisam estar alinhados com esse objetivo. Leila conta um pouco sobre sua liderança à frente da empresa:

> O sonho não era um sonho de "ah, eu quero constituir uma empresa que vai ser assim, assado". Não... Eu quero levar esse poder de transformação [na vida das pessoas] e a empresa é o caminho. [...] Eu acho que a liderança, na verdade, acabou sendo uma consequência do que eu desejava. Minha cabeça não é uma cabeça de executiva, que "eu quero subir na carreira através de cargos superiores". Na verdade, o meu sonho me impulsionou a querer mais, e a cada momento que você aumenta o tamanho do sonho ou a complexidade desse sonho, você tem que trazer mais pessoas para o barco, e as pessoas só vão fazer aquilo que você deseja se elas também desejarem.

Uma expressão que Leila utiliza com frequência para definir o tipo de liderança que se harmoniza com a cultura da sua empresa é "cacho na alma". Ela explica:

> Eu acho que o cacho na alma é ter a competência necessária para ser um líder, competência técnica, conhecimento e experiência, mas acreditar e se emocionar com o propósito. Eu não estou aqui para ser o melhor CEO, eu estou aqui para transformar a vida das pessoas e promover beleza e autoestima. Se a pessoa não tiver isso, fica muito difícil, ela não consegue se manter no grupo, porque tem determinadas coisas que a gente faz aqui que tem que ser por amor, tem que ser por vontade, não tem resposta certa. A gente, às vezes, não tem parâmetro nem no nosso histórico se vai dar certo ou se não vai. Então, tem que acreditar, tem que apostar e tem que ter um pouco de ousadia.

Perguntei a Paula Bellizia por que vale a pena a vida de executiva. Para ela, tem a ver com a possibilidade mais ampla de melhorar o país. Sua volta para a Microsoft foi em grande parte motivada pelo impacto que poderia gerar sobre a sociedade na área da educação, do empreendedorismo, do crescimento do país, da modernização da estrutura econômica do Brasil por meio da tecnologia.

Na mesma linha, Luiza Trajano se define como uma líder cidadã, comprometida com a construção de um país melhor. Para isso, ela criou, junto com outras executivas, o grupo **Mulheres do Brasil**. Trata-se do maior grupo político apartidário do país, composto apenas por mulheres que se reúnem para debater e realizar ações em áreas como educação e saúde da mulher, igualdade social da mulher negra, empreendedorismo, participação de mulheres na política nacional, combate à violência contra a mulher etc.

São vários comitês, cada um com um tema específico. O **Comitê 80 em 8**, do qual participo a convite de Luiza, tem o objetivo de promover a igualdade de gênero nas empresas. Várias das nossas entrevistadas também fazem parte do **Mulheres do Brasil**. Na entrevista, Luiza me contou que o que a inspira como líder é ver quanto as pessoas conseguem construir quando se integram por um mesmo propósito. Ela tem facilidade em ajudar a tecer essas relações de equipe e colocar todo mundo no mesmo barco, o que potencializa a capacidade de produção conjunta: "As pessoas crescem, o propósito cresce e o Brasil cresce". Luiza acredita que as pessoas são mais capazes do que pensam que são e se motiva a ajudá-las a descobrir isso.

Claudia Sender contou que, certa vez, entrevistando um candidato, perguntou a ele qual era seu objetivo naquela empresa. Ele falou da sua ambição em ocupar o lugar de Sender, ou seja, a cadeira de CEO. O que ela achou negativo, na resposta do jovem, foi o foco principal no cargo, na ambição individual, sem considerar a perspectiva de um propósito maior. Claudia comenta que trabalha mais de dez horas por dia e passa mais tempo pensando em trabalho do que com a própria família. Para isso, só consegue se dedicar a um trabalho que tenha um sentido maior, em que possa fazer bem às pessoas. Em um momento tocante de nossa entrevista, ela conta sobre um e-mail especial que recebeu de uma cliente:

Eu recebi um e-mail – desculpe se eu me emocionar – ontem, de uma menina que, por um erro médico, aos 12 anos, ficou cega. Hoje ela é deficiente visual, perdeu totalmente a visão, e aos 12 anos ela pegou o seu primeiro voo da Latam, de Curitiba para Goiânia, para começar um tratamento diferente. Eu não vou lembrar quantos anos ela tem hoje… E ela me escreve uma carta falando que depois de muitos anos fazendo essa jornada, onde sempre foi tratada com muito amor e carinho, seja pelo pessoal de terra, seja pelo pessoal de voo, e que propiciou que ela fizesse esse tratamento alternativo, ela só voa de TAM, porque é o único lugar onde ela se sente cuidada. Ela tem chance hoje de voltar a ver. Aí você fala assim: "Putz, é pra isso que eu acordo todo dia de manhã!". Eu fico arrepiada contando essa história, porque é o que me faz acordar de manhã, vir pra cá e falar assim: "A gente faz tanta coisa boa"! O dia a dia é tão duro no avião, é tanto pepino… O pessoal brinca que isso aqui parece uma verduraria, né? (risos) É pepino, é nabo, é tudo… E é tão complicado, nossa, é tanto aeroporto que fecha, avião que dá problema, mala que se perde… Mas quando você ouve essa história e pensa em todas as coisas maravilhosas que a gente faz, pensa na lua de mel que [a pessoa] dormiu aqui e acordou em Paris, pensa… Nossa, tem tanta coisa! Viabilizar negócio, você põe um voo em uma cidade e o PIB da cidade explode. Então, é isso que gera a paixão. A aviação tem essa magia.

Sylvia Coutinho tem como modelos líderes que fazem *business* com propósito, que pensam em deixar um legado, em fazer algo além de gerar lucro ou ganhar dinheiro. Ela admira líderes que se preocupam com as pessoas, que consideram os efeitos de suas decisões sobre os outros e pensam em como vão afetar a sociedade no longo prazo. É essencial ter um caminho ético, e não ceder à ideia de que os fins justificam os meios. Para a CEO, o líder que só pensa na agenda própria, de curto prazo, voltada sobretudo ao que ele vai fazer para maximizar seu passe, acaba prejudicando o coletivo e destruindo muito valor. É fundamental saber fazer as coisas acontecerem dentro de uma agenda coletiva. Sylvia conta que deita a cabeça no travesseiro e dorme tranquila, porque busca agir da maneira que acha correta. Apesar do estresse do dia a dia, ela desfruta de paz de espírito por tomar decisões que carregam valores positivos.

O líder que enxerga um sentido maior no que faz poderá ajudar seus liderados a perceberem o trabalho também dessa forma, ampliando o engajamento e a motivação da equipe. Nas noites de Natal, Claudia Sender costuma ir ao aeroporto mais perto de onde esteja. Nesse caso, lidera pelo exemplo, abrindo mão de boa parte do convívio familiar em data tão especial para estar junto aos seus funcionários que trabalham nesse dia. Certa vez, quando chegou em casa já bem tarde no dia 24 de dezembro, um familiar perguntou a ela se valia a pena tanta dedicação ao trabalho. E a resposta surgiu límpida na sua mente: claro que sim. Naquela noite de Natal, ela conta que só conseguia se lembrar da emoção do filho chegando e encontrando sua mãe, da alegria do executivo que conseguiu chegar a tempo de cumprir sua meta no trabalho, de todos os sonhos que ajudou a realizar. Esse é o sentido maior que a líder enxerga para o trabalho com aviação, e que procura partilhar com os seus funcionários, como ela faz questão de ressaltar:

> Eu acho que na hora que a gente perde essa perspectiva, o trabalho vira uma sequência sem fim de desafios, porque todo dia você vai ter um desafio novo e maior, todo dia você vai ter uma meta mais desafiadora, todo dia você vai ter um novo obstáculo no seu caminho, todo dia você vai ter uma concorrência, uma regulamentação que mudou, um cliente com perfil diferente. Se a gente perder a perspectiva do bem maior que a gente faz, é muito difícil você acordar de manhã com vontade de pôr o seu uniforme e ir para a linha de frente. Então, eu tento sempre, em todas as interações com os nossos colaboradores, trazer essa perspectiva, até porque – e eu acho que isso é uma coisa de mulher, é uma coisa que a liderança feminina faz muito melhor do que a masculina –, quando você trabalha por uma causa e não pelo cheque, o seu engajamento, o seu resultado e a sua entrega são muito diferentes. Agora, lógico que é papel do líder e do gestor ajudar as pessoas a verem isso.

Claudia acredita que quando se coloca o sarrafo mais para cima, mesmo que não se consiga pular por cima dele, as pessoas se motivam a ampliar o salto. Ela trabalha com metas ambiciosas, construídas em conjunto com o grupo e que sejam críveis. Se as pessoas pensam que a meta é impossível de ser atingida, desistem no meio do caminho. Ela afirma que já viu coisas mágicas acontecerem por criar sonhos grandes. Viu equipes se superando e entregando algo maior do que no princípio imaginavam que seriam capazes de fazer. Por acreditar que "as pessoas são feitas de sonhos e não de números", Claudia combina as altas metas *hard numbers* (metas numéricas) com componentes que ela chama de aspiracionais. De acordo com Claudia, as pessoas precisam enxergar algo que se harmonize com sua identidade, precisam se ver refletidas nessas metas. Do contrário, tendem a perder tração com o tempo. Sender busca um lado de aspiração e de sonho que motive as pessoas a vir para a companhia todos os dias e dar o seu melhor. Sobre isso, ela partilha um exemplo marcante:

> Quando a minha mãe ainda trabalhava, quem cuidava da gente o dia inteiro eram os meus avós. A gente morava com os meus avós, inclusive. Eu ficava o dia inteiro com a minha avó e tinha um terraço em que a gente brincava muito. Ela brincava pouco com a gente porque estava sempre cuidando da casa. Moravam ela, o meu avô, os meus pais, as três crianças. Então ela estava sempre ocupada. Eu me lembro de uma coisa que me marcou muito: foi o dia em que ela ganhou a primeira lavadora. Ela começou a brincar comigo e aconteceu um negócio superengraçado: quando eu fui trabalhar na Whirpool, eu tinha 30 anos e era uma das gerentes mais novas lá e me colocaram pra trabalhar com o Batista. O Batista era diretor da fábrica de fogões e ele trabalhava na Whirpool havia quarenta e três anos. Então ele me chamava de "menina" e eu adorava trabalhar com ele porque eu aprendi muito com o Batista... O Batista foi uma das figuras que mais me explicaram sobre a motivação do ser humano e como trabalhar com grandes massas, porque a vida inteira ele tinha trabalhado em fábrica. [...] Um dia ele me levou pra conhecer a fábrica de lavadoras que a gente tinha em Rio Claro. A gente entrou no depósito e ele falou assim: "Aqui são as prensas, aqui são as injetoras, aqui é não sei o quê..." A gente entrou no depósito de lavadoras e era um depósito imenso. Você olhava assim pilhas de lavadoras e ele me explicando: "Aqui ficam as máquinas que têm os códigos de barra". E eu comecei a chorar. Aí ele olhou pra mim e falou: "Menina, o que que tá acontecendo? Você está chorando..." E aí eu contei essa história para ele porque eu me lembrei daquele dia, do impacto que a lavadora teve na minha

vida, e eu criei um sentido novo pro meu trabalho, porque eu falei "o que a gente tá fazendo aqui não é construir eletrodomésticos, a gente tá dando a vida de volta pra um monte de donas de casa, que, em vez de passar três horas no tanque, vão passar três horas com os filhos, os netos..." E eu me emocionei ali... Depois de um tempo, fui cuidar da categoria de lavadoras na Whirlpool. Eu me lembro que eu contava essa história pra minha equipe e eu falava: "Gente, é isso que a gente tá fazendo, é isso que a gente tá desenvolvendo..." Lavadora sempre foi muito caro no Brasil. O nosso objetivo era conseguir ter uma lavadora que custasse menos de quinhentos reais... A gente nunca conseguiu desenvolver a lavadora quinhentos reais, mas a gente conseguiu seiscentos. E foi um produto que revolucionou, ajudou a aumentar a penetração de lavadoras no Brasil em mais de dez pontos.

b) Coragem

No filme *Vivos*, de 1993, dirigido por Frank Marshall, vemos a coragem do líder Nando Parrado para tomar decisões (como a de comer carne humana para sobreviver) e assumir riscos (ele decidiu andar até o Chile em condições precárias, colocando em xeque a sua segurança pessoal em prol de uma causa maior: o resgate do grupo). Essa postura do líder gerou admiração e confiança no grupo, ampliando a adesão às suas ideias. A coragem, nessa perspectiva, é um traço essencial a ser desenvolvido em líderes empresariais.

Duas coisas que limitam a coragem são o medo de errar e o medo do julgamento dos outros. Para Sonia Hess, "a característica do líder é que a coragem é maior do que o medo". E como Sonia lida com o erro? Falando abertamente com a sua equipe: "Errei, gente... Olha, aprendi, não posso cometer esse mesmo erro novamente. O erro é um aprendizado, né? O erro é um grande aprendizado". Reconhecer seus erros diante dos seguidores é uma postura que conjuga humildade e autoconfiança, importante exemplo de liderança a ser passado para toda a equipe. Aprender a enxergar o erro como parte do processo de tomada de decisões, e ainda percebê-lo como fonte de aprendizagem para vitórias futuras, como fazem as entrevistadas, é uma das formas de desenvolver a coragem de tomar iniciativas. Líderes que não toleram erros tendem a inibir a criatividade e a iniciativa dos liderados.

Desde cedo, Leila Velez aprendeu que o erro pode trazer algumas chaves para o sucesso. Aos 16 anos, foi a gerente mais jovem do McDonald's. Ela conta que os desafios de liderança, tanto no início da carreira como agora, são similares, e que aprendeu muito com tentativas e erros. Leila conta como lida com o medo no seu processo de tomada de decisões como CEO:

> Eu acho que se não tiver medo, alguma coisa está errada, o desafio está pequeno. Tem que ter um medinho, tem que ter um frio na barriga. Esse é um dos meus motivadores. Dizer assim: ah, não tenho medo de nada? Claro que tenho, eu me preocupo, mas o desejo é muito maior, o propósito é muito maior. Se bem utilizado, o medo faz bem, ele te faz ser ponderado, faz olhar todos os pontos que podem dar errado e se antecipar a eles, no planejamento mesmo... O medo está presente, é importante, é fundamental, mas o propósito é tão maior e o desafio é tão mais relevante, que ele vira uma ferramenta de ajuda para acertar mais.

Como já vimos em capítulos anteriores, mulheres e homens enfrentam expectativas sociais bastante diferentes em relação à sua coragem e à sua performance profissional. Desde cedo, coragem é um traço mais estimulado na formação dos meninos. Sylvia Coutinho nos ajuda a refletir sobre isso:

> Imagine se você é uma menina e cresce já desde pequenininha ouvindo: "O filho pode, você não". Outro dia teve um casal de indianos lá em casa, e tinha que subir em uma torre, porque estávamos numa casa de campo que eu tenho e estava fazendo uma construção, e o pai disse para o menino subir e a menina não. Aí eu falei: "Por que ela não pode subir?". "Porque é perigoso." Eu falei assim: "Ué, ela é tão ágil quanto ele... Vem, sobe!". Mas o pai, coitado, ele fez isso porque são aquelas coisas instintivas. Na hora que o pai fala um negócio desse, o menino podia, mas ela não, porque era perigoso. Imagine você crescer [com essa mensagem na sua formação]... Eu nunca achei que nada era mais perigoso para a mulher do que era para o homem. Nada não podia. Eu acho que isso te dá uma segurança... E eu sempre tive muita.

c) Persistência

Na visão acertada de Carlos Ronchi[75], o sucesso é uma sequência de reveses superados. Sempre haverá pedras no decorrer do caminho, e é essencial que o líder não desista e aprenda com erros e derrotas, ampliando suas chances de sucesso no futuro. Para motivar a persistência dos alunos, um colega professor que orienta estudos para concurso público costuma dizer aos seus pupilos: "Vocês não vão estudar para passar no concurso, vocês vão estudar *até* passar".

Sonia Hess tem em sua mãe, dona Idalina, a fundadora da camisaria Dudalina, seu maior exemplo de coragem e persistência. A executiva ilustra isso com uma cena da qual nunca se esqueceu, quando, ainda criança, foi vender camisas com a mãe. Ela devia ter uns seis anos e saiu cedo de caminhão com a mãe e o motorista. A mercadoria ia atrás, embaixo de uma lona. A mãe estava grávida, não tinha vendedores, então tinha que viajar ela mesma. Iam passando por várias cidades e parando para vender as camisas. Quando chegaram a uma cidade chamada Doutor Pedrinho, já anoitecendo, Sonia estava exausta, depois de um dia inteiro viajando de caminhão por estradas de terra. Esperavam um cliente que havia marcado encontro, mas ele não chegava nunca. Então, a menina pediu para ir embora, pois estava cansada e já era muito tarde. A mãe respondeu: "Não, filha, só vou quando o dono da venda chegar e eu vender a última camisa". E assim foi feito. O cliente chegou, ela vendeu a última camisa e só então foram embora no caminhão. Sonia guarda até hoje a lição de que o "não", para a sua mãe, não existia. Estava sempre à procura do "sim". Para dona Idalina, a dificuldade, na verdade, guardava uma oportunidade por trás.

d) Comunicação e empatia

Em 2010, Nando Parrado foi eleito o melhor palestrante do mundo ("Best Speaker in the World") pelo *World Business Forum – New York*. Quando se

---

75 RONCHI, Carlos C. **O processo da liderança**: conceitos, tipos e aplicações. Rio de Janeiro: Gdn Editora, 2007.

pensa em habilidade de comunicação, a oratória, ou a arte de "falar bem", de forma eloquente, é a característica que normalmente mais chama a atenção. Porém, ao considerarmos a comunicação como competência de liderança, vale destacar duas dimensões básicas e igualmente importantes: saber falar e saber ouvir. É preciso exercitar uma escuta empática, buscando colocar-se no lugar do outro.

Para Denise Rabius, pesquisadora e professora de Liderança da Universidade de Stanford, a melhor maneira de criar empatia é: "Put yourself in the other person's shoes and feel how is to be there"[76]. Para Renata Chilvarquer, por razões culturais, a capacidade de empatia tende a ser mais desenvolvida nas mulheres do que nos homens, já que são socializadas para serem sensíveis, cuidadoras, mães, para se colocarem no lugar do outro e perceberem suas necessidades. Assim, em razão do estereótipo do feminino presente na educação desde a infância, as mulheres desenvolvem, de forma geral, uma facilidade maior de entender o contexto e o momento do outro, de olhar o funcionário como pessoa primeiro, antes de vê-lo como profissional.

No seu curso de liderança em Stanford, Denise Rabius propõe um exercício de teatralização do conflito, em que cada aluno resume para a turma uma situação de embate que esteja vivenciando no trabalho, seja com o líder, seja com um liderado. Depois, cada aluno (protagonista da história na vida real) vai teatralizar a sua situação na frente da turma com a ajuda de um colega, sendo que o aluno protagonista vai representar o papel do seu "oponente" na empresa (seu chefe ou liderado), e o colega viverá o papel do aluno protagonista. É um exercício bastante útil para nos vermos de fora, perceber o impacto da nossa fala/ação no outro e entender com mais clareza a visão do outro.

Para desenvolver empatia, é preciso compreender o ponto de vista do outro. Para tanto, como ensina a Antropologia, busque perceber quais são os objetivos, valores e significados que o interlocutor mobiliza na conversa; qual é a sua lógica de pensamento; qual é o contexto em que se insere sua fala ou reação. Faça um exercício de escuta. A capacidade de sentir empatia pelo outro é uma competência crucial quando se pensa nas recentes teorias de liderança transformacional e servidora, com foco

---

[76] Em tradução livre da autora: "Colocar-se no sapato da outra pessoa e sentir como é estar lá".

em pessoas; na construção de relações sólidas entre líder e liderados; no desenvolvimento do potencial de cada um, como veremos mais adiante. Claudia Sender nos contou sobre o aprendizado constante que vivencia para desenvolver, cada vez mais, o que ela chama de *escuta ativa*:

> Você começa a se colocar cada vez mais no sapato do outro, praticar um negócio que eu chamo de escuta ativa, que é você realmente ouvir a pessoa, não só escutar, mas ouvir o que a pessoa está te dizendo e tentar simpatizar. Porque a gente vem com modelos mentais pré-fabricados, né, ou que foram construídos durante a nossa infância. E às vezes você está falando uma coisa e a pessoa está ouvindo outra totalmente diferente, e essa distância é causada por preconceitos, julgamentos, formação, educação, valores... [...] A gente precisa aprender cada vez mais a se colocar no lugar do outro e entender o que toca mais cada um, o que move, como você tira o melhor de todos. Para mim, esse é um eterno aprendizado, porque as pessoas são muito diferentes, cada novo colaborador que entra no meu grupo, se reportando direta ou indiretamente para mim [é diferente]. Aprender isso é mágico, maravilhoso, mas é doloroso. Eu brinco, dizendo que a diversidade é linda no papel, né? No dia a dia ela é trabalhosa pra caramba. O nosso grupo é uma multinacional que tem pessoas de várias nacionalidades, totalmente diferentes. Então, fazer esse exercício eterno de desapegar do seu e abraçar o do outro é algo que eu acho que a gente está sempre aprendendo. Sempre.

Ao perceber que a nossa visão sobre as coisas é apenas uma entre as várias possíveis, que há várias verdades possíveis sobre um tema, ao nos abrirmos ao aprendizado sobre outros modos de pensar, ser e agir, ampliamos nossas possibilidades de conviver bem com as diferenças, cada vez mais comuns nas empresas e nas equipes. Sobre o assunto, Sheryl Sandberg partilha uma lição de Fred Kofman, ex-professor do MIT e autor do livro *Conscious Business* (Negócio Consciente), que ela considera um dos mais extraordinários especialistas em gerenciamento e liderança:

> Aprendi com Fred que a comunicação eficiente começa pelo entendimento de que existe meu ponto de vista (minha verdade) e o ponto de vista do outro (a verdade dele). Raramente existe uma verdade absoluta, de modo que as pessoas que acham que

> dizem a verdade impõem muito silêncio às outras. Quando reconhecemos que podemos estar vendo as coisas apenas de nossa própria perspectiva, podemos expor nossas concepções de uma maneira que não é ameaçadora. (SANDBERG, 2013, p. 102)

Leila Velez considera que sua maior competência como líder é amar as pessoas e amar o que faz. No dia a dia, ela busca compreender o ponto de vista e o contexto das atitudes de seus liderados. Por exemplo, quando percebe que um funcionário está com alguma dificuldade, não está realizando suas tarefas da forma ou na velocidade que deveria, Leila procura ver o ser humano, em vez de focar apenas a cobrança pela entrega final: o que está acontecendo com essa pessoa, se ela era tão eficiente? Ela está passando por algum momento difícil? Ela precisa de ajuda? Ou ela realmente não quer fazer, está desmotivada? Leila acredita que a empatia a ajuda a ser uma líder melhor e a contar com a confiança e admiração de seus liderados.

Sabemos que liderança tem a ver com a capacidade de influenciar pessoas. Aumentamos a possibilidade de mobilizar, de persuadir e de influenciar com a nossa fala quando conhecemos o interlocutor. A Igreja católica tem uma importante lição a nos dar nessa área. Podemos considerar que, ao criar a confissão, foi a primeira instituição com "pesquisa de mercado" (ainda que essa não tenha sido a sua principal motivação). Elaborar uma missa para fiéis que você já ouviu em confissão é diferente de elaborar uma missa para pessoas desconhecidas, concorda? Penetrar previamente na mente e no coração do interlocutor que se deseja influenciar, conhecer seus anseios, objetivos, dúvidas e medos amplia as chances de sucesso na comunicação, porque você sabe o que move e comove esse público-alvo.

e) Comunicação e humildade

Todo líder precisa ter consciência de que não tem todas as respostas e que, muitas vezes, o liderado sabe mais do que ele sobre diversos assuntos. O "líder perfeito", que tudo sabe, intimida e silencia seus liderados. Ao contrário, a humildade na liderança amplia a troca de ideias, as possibilidades de *feedback* franco sobre ele, e contribui para o aprendizado constante. Claudia Sender aprendeu essa lição:

> Eu era muito jovem para aquela posição [de liderança], acho que tinha 35 anos, nem me lembro mais, mas era por aí. Eu sentia que precisava provar que era capaz, que o meu chefe não tinha errado, que o meu gestor não tinha errado de me colocar naquela posição, e que eu era capaz de entregar tão bem ou melhor do que o meu predecessor. E, naquele momento, eu decidi que precisava ter resposta para tudo e que o bom colaborador é aquele que tem resposta pra tudo e aquele que sabe que está sempre um passo à frente. Só que é um mundo muito complexo, o atual. E hoje, sentada na minha posição, eu tenho a certeza absoluta e eu dou graças a Deus que vai ter sempre alguém na minha equipe que sabe muito mais do que eu 99% dos temas, porque eu... Se eu fosse a melhor pessoa em manutenção de motores, eu deveria estar fazendo manutenção de motores, e não na presidência. [...] Eu olho pra minha equipe hoje e, se tiver talentos individuais que ofusquem o grupo, acho que vou estar errando. A gente precisa de talentos individuais que alavanquem uns aos outros. Esse é pra mim o ponto mais chave mesmo, porque talvez você não seja o maior *expert*, e eu sou a maior prova disso, né? Eu não sou a maior expert em aviação.

Paula Bellizia decidiu voltar à Microsoft por causa do desejo de trabalhar e aprender com Satya Nadella, à época CEO da empresa, por considerá-lo um exemplo de liderança humana e humilde. Sonia Hess também ressalta a importância da humildade para a liderança. Para a executiva, a capacidade de ouvir e respeitar o ponto de vista do outro é uma competência-chave para o líder, que ela exercita constantemente. Sonia acredita que humildade e generosidade têm que andar juntas, para que você conquiste a admiração e mereça a gratidão e o comprometimento dos seus liderados.

f) Aprendizado constante

Perguntei a Sylvia Coutinho o que a encanta no cargo de CEO. Ela respondeu: "É a possibilidade de aprender, aprender, aprender". Na mesma linha, Paula Bellizia cita como característica marcante de sua carreira a oportunidade de trabalhar com grandes líderes. Ela teve o privilégio de estar com Bill Gates, Sheryl Sandberg, Tim Cook, Satya Nadella, de participar de uma reunião pequena com Mark Zuckerberg. Com sede de aprender, Paula sempre procurou fazer perguntas, tirar dúvidas e interagir ao máximo com essas mentes privilegiadas. Perguntei a Bellizia o que ela busca como característica essencial na sua própria equipe. Ela enfatizou o brilho no olho, no sentido de querer fazer a diferença, de ter paixão pelo que faz, de gostar de desafios e mudança. Ela busca a inquietude de quem gosta de aprender, busca pessoas que demonstrem rapidez de adaptação e aprendizado. Para Paula, quem aprende rápido pode fazer qualquer coisa.

O desejo e a capacidade de aprendizado constante estão presentes em todas as executivas que entrevistei. Leila Velez, por exemplo, desde o início de sua vida profissional no McDonald's, já se destacava pelo seu empenho em aprender mais sobre o trabalho. Sobre essa época, ela conta que, apesar da pouca idade, já tinha dedicação, paixão, vontade e gana de aprender. Lia até manual de manutenção de máquina. Pedia autorização na empresa para ler manuais destinados a cargos mais altos. Queria ser o melhor que pudesse no que estava fazendo. Quando foi promovida a gerente, com apenas 16 anos, a equipe já enxergava nela o mérito para ocupar a posição. No livro *Beleza Natural*, Velez expõe seu pensamento de vencedora: "O McDonald's pode ser visto apenas como um lugar que oferece emprego sem exigir qualificação e que paga baixos salários. Eu preferi olhar para ele como uma escola". A trajetória de aprendizado de Leila é impressionante. A história que melhor representa a sua determinação em aprender é a de como se tornou fluente em outra língua, convencendo a gerência do curso de idiomas a trocar meses de faxina por uma bolsa de estudos. Como ela nos contou anteriormente, tinha que assistir às aulas de inglês em filiais diferentes, de acordo com a disponibilidade de vaga. Hoje, pós-graduada, a executiva coleciona dezenas de cursos em faculdades de prestígio no Brasil e no exterior, incluindo Harvard e Columbia. Velez comenta sobre como o aprendizado constante a ampara no dia a dia como líder: ela enxerga em cada curso, em cada nova formação acadêmica, um atalho para errar menos, para aprender com acertos e erros de outras empresas e pessoas. A cada mentoria de que participa, busca absorver ao máximo a experiência do mentor, para casar com a teoria estudada anteriormente, construir conhecimentos e colocar em prática na sua empresa. Ainda que seja discordando e quebrando paradigmas. Afinal, é preciso exercitar o senso crítico na montagem desse mosaico de teoria e experiência.

A ex-diretora de tecnologia da informação da Cisco, Padmasree Warrior, deu uma entrevista ao *Huffington Post*. Ao ser perguntada sobre a lição mais importante que aprendeu com um erro que cometeu no passado, Warrior respondeu:

> Recusei um monte de oportunidades quando estava começando, porque pensei: "Não é nisso que sou formada" ou "Não conheço essa área". Olhando para trás, a gente entende que, em certo momento, o que mais importa é a capacidade de aprender rápido e contribuir rápido. Uma coisa que eu digo às pessoas hoje é que você não vai se encaixar perfeitamente em nada se estiver procurando qual é a próxima grande coisa para fazer. Você tem de pegar as oportunidades e fazer com que uma delas se encaixe com você, e não o contrário. **A capacidade de aprender é a qualidade mais importante que um líder pode ter.** (*apud* SANDBERG, 2013, p. 52) [Grifo meu]

g) Capacidade de liderar pelo exemplo

Conhece aquela frase famosa: "Suas ações falam tão alto, que não consigo ouvir o que você diz"? Para que o líder inspire pelo exemplo, é necessário que mantenha coerência entre discurso e ação. Como pregar o respeito como valor, exigindo que os clientes sejam tratados dessa forma pelos funcionários, se estes não se sentem respeitados pelo seu gestor? Ser exemplo é ser o primeiro a agir da forma como você espera que os outros ajam. É refletir nas suas ações os valores que prega no discurso. Concordo com Leila Velez, quando afirma que exemplo é o melhor treinamento. O exemplo educa, ajuda a criar a cultura empresarial.

A própria Leila é a perfeita representação de líder que personifica e contribui para solidificar os valores da empresa. A executiva conta:

> É cada vez mais difícil estar presente em todos os institutos, porque o número aumenta e a distância aumenta, tem a fábrica, tem o escritório, tem as questões fora, mas, se eu pudesse, o meu tempo seria 100% dedicado a estar com elas [clientes e colaboradoras], porque eu acho que isso faz muita diferença. Não só para aquela menina que eu toco e as outras que observam. A mesma coisa que eu faço com a colaboradora, faço com a cliente: eu sento, geralmente me ajoelho, tento sempre ficar mais baixa do que a pessoa, fico de cócoras ou sento do lado ou fico de joelhos, porque pra mim aquele momento é mágico, né? Eu quero que aquela pessoa se sinta muito especial. O cliente de primeira vez leva um adesivo. É impossível eu passar perto de um cliente de primeira vez e não falar "Nossa, primeira vez que você tá aqui com a gente! Obrigada. É uma honra você ter escolhido vir ao Beleza Natural. Por que você veio? Está tudo bem? Se você precisar de alguma coisa, eu estou aqui, me fala". A maioria delas nem sabe quem eu sou e depois elas perguntam: "Quem é aquela menina que veio falar comigo e estava sem uniforme?". Aí elas [funcionárias] falam: "Ela é a Leila". Mas é muito bom, também porque eu sei que a minha gerente está vendo isso, a minha colaboradora está vendo isso. Cai tanto papel no chão quando a gente passa... E se eu estou falando [aos colaboradores] que é importante você ser humilde e você participar, servir o outro, que a equipe é importante, não adianta só mandar um manual, um vídeo, um *PowerPoint*. Acho que é no crivo de credibilidade mesmo das pessoas, e de engajamento. É fazer antes de pedir para que o outro faça. Sempre. Exemplo é pilar. Todo o resto é secundário. Tem a questão técnica, claro, você tem o processo, tudo isso é muito importante, mas, se a pessoa não enxerga você fazendo o que você pede que ela faça, isso tudo cai por terra, porque não tem credibilidade, você não tem a capacidade de influenciar o outro. Porque a pessoa pode até fazer na sua frente, mas não é isso que eu quero... Não é uma questão que alguém vai te cobrar porque existe uma meta ou uma punição, ou uma questão que depende de uma câmera. É acreditar no porquê se vive aquilo... Quando a gente termina uma reunião aqui com os diretores etc., eu paro, boto a minha cadeira no lugar, se tiver outra cadeira bagunçada eu boto. O copo, no final da reunião,

eu levo pra pia, e você começa a perceber que todos os outros começam a fazer a mesma coisa. Por que tem que ser a menina da limpeza que tem que vir aqui e tirar? A gente pode fazer isso, a gente pode ajudar. Eu não estou no instituto todos os dias, mas aqui na sede ou na fábrica, onde quer que a gente esteja, os valores são os mesmos: para a equipe se ajudar, independentemente de ser uma tarefa nobre ou não. Por que não? **Exemplo é a principal forma de treinamento.** Treinamento em um sentido amplo, né, dessa introdução dos valores da empresa. [Grifo meu]

A fala de Leila se afina com o conceito de liderança da Escola de Administração de Harvard: "Liderar é melhorar os outros em função de sua própria presença e garantir que o impacto perdure em sua ausência".

h) Integridade

Vivemos em uma época em que a responsabilidade social das empresas é muito valorizada pelos *stakeholders*, ou seja, por todos os grupos que com ela se relacionam e impactam de alguma forma o seu negócio. Ao mesmo tempo, acompanhamos a derrocada de instituições e líderes por causa de sua conduta antiética. A responsabilidade social corporativa está associada, entre outras coisas, à ética empresarial, à transparência, ao desenvolvimento sustentável, à filantropia. A integridade moral do líder é uma competência essencial nesse contexto. Vários autores usam uma mesma metáfora para tratar do assunto: para eles, a ética é o *cimento* entre líderes e liderados. É o que vai permitir a conquista da confiança. Se integridade moral é um atributo essencial para a liderança, como explicar o caso de Hitler, por exemplo? Hitler foi um líder do mal, obviamente. Talvez você o considere um louco ou um monstro. Mas foi um líder eficaz, se considerarmos sua capacidade de mobilizar multidões em torno dos valores que propagava, para a conquista de um objetivo comum. O que vai definir o que é legítimo no campo moral, nesse caso, é a percepção dos liderados. Os valores que Hitler defendia podem parecer absurdos aos seus olhos, ou aos meus, mas certamente encontravam eco em seus seguidores. O que importa, para o processo de liderança, é a harmonia de valores entre líderes e liderados.

Nem sempre o líder concorda ou pode atender aos anseios de seus liderados. Mas é necessário que estes percebam que o líder busca ser justo com eles, ainda que precise ir de encontro ao que demandam ou sugerem. Uma quebra nessa percepção de justiça pode significar o fim do elo entre líder e equipe.

Sylvia Coutinho está sempre atenta à integridade moral de seus liderados. Como explica a CEO da UBS, o caráter é condição *sine qua non* para a permanência em sua equipe. Pode ser o maior batedor de metas da empresa, não importa: se for mau-caráter, não fica. A CEO acredita que sempre haverá no mercado alguém igualmente bom do ponto de vista técnico, mas que seja ético, preocupado com propósitos mais elevados e com os efeitos de suas ações.

É preciso ser coerente e punir quem não se encaixa nos valores propostos, mesmo que seja um liderado com resultados excelentes em outras áreas. Para Jack Welch, ex-CEO da GE, uma referência mundial na área de liderança, ainda que o funcionário tivesse alta capacidade técnica, jamais permaneceria em sua equipe se não estivesse afinado com os valores da empresa. A capacidade de avaliar as potencialidades e deficiências das pessoas (e as suas próprias), inclusive no campo da ética, é uma competência importante de liderança.

Duda Kertész considera fundamental trabalhar em organizações que tenham valores inegociáveis e busquem impactar positivamente a vida das pessoas, como ela explica a seguir:

> Para mim, o importante é trabalhar em uma empresa que tenha valores, que se importe, e eu acho que a Johnson & Johnson é uma empresa que se importa, que tem uma instituição de valores que a gente chama de "Nosso Credo", bastante estudado em várias faculdades no mundo. Ele fala muito da responsabilidade que a gente tem, da responsabilidade com os pacientes, da responsabilidade com os consumidores, com os fornecedores, com os clientes, com a comunidade, com o meio ambiente. É uma visão ampla de negócio, que considera: "Bom, eu não estou aqui só pra fazer lucro". Claro que também para fazer lucro, senão não é uma empresa, é uma ONG, né? Mas o "Nosso Credo", até o jeito que é

escrito é bacana, porque ele vem com todas as responsabilidades antes, e a conclusão é assim: "Se eu for responsável com o paciente, se eu for responsável com a comunidade, se eu for justo com os funcionários, se eu for justo com os fornecedores, se tudo isso der certo, eu vou ter lucro justo e dar lucro ao acionista". É quase como se o lucro fosse o resultado de uma gerência responsável. Eu acho que isso reflete em muita coisa: nas decisões que a gente toma, nos produtos que a gente bota no mercado... Fazer a diferença na vida das pessoas quer dizer: eu vou cumprir a promessa que eu faço quando vendo um produto, vou garantir a qualidade desse produto, vou vender ao preço mais justo possível. Em todas as decisões, a gente tem que pensar em todos os ângulos da cadeia. E vamos colocar no mercado produtos que façam a diferença. Aí, eu vou falar do meu papel. A organização tem mecanismos e processos para garantir que a gente aja de acordo com o que está na parede, com o que a gente fala, tem treinamento on-line, tem treinamento presencial, tem políticas e procedimentos do que pode e do que não pode fazer. Mas tem muito do tom da liderança. Todas as reuniões em que eu falo com todo o time, eu falo sobre o nosso credo, falo sobre os valores, falo que a gente pode ter tolerância para não entregar resultado, mas a tolerância para a falta de ética é zero. E é verdade. Se não entregou o resultado no mês, se não entregou no outro... É claro que a gente tem que ter performance no trabalho ao longo do tempo, mas a gente vai procurar entender o que está acontecendo e dar o instrumento para ajudar o funcionário a atingir a meta dele, dependendo do que esteja acontecendo. Mas, agora, falta de ética não tem conversa, não tem conserto. Eu falo muito sobre isso e está em todas as decisões que eu tomo, porque exemplo é o maior treinamento que existe. Se a gente não faz o que fala, não adianta.

O líder tem um papel fundamental para disseminar valores junto à sua equipe. Comunicar e seguir padrões claros, objetivos e justos de conduta e avaliação é um passo essencial nessa direção. É comum que organizações tenham pessoas ou grupos que discriminem outros, fofocas, panelinhas, favorecimentos pessoais, criando um ambiente de insatisfação, em que a falta de justiça desmotiva bons funcionários, podendo reduzir sua produtividade ou vontade de fazer parte da empresa. Já vimos como valores machistas costumam prejudicar as mulheres em processos de avaliação/ promoção. Estar atento a possíveis vieses inconscientes de julgamento (seus e de membros de sua equipe), criar critérios justos e objetivos para avaliação de desempenho não são tarefas fáceis, mas são essenciais para a criação de uma cultura ética na empresa.

i) Flexibilidade

Em tempos de constantes transformações culturais, econômicas, tecnológicas, acomodar-se com as vitórias já conquistadas pode ser fatal. É fundamental estar atento às mudanças, antever possibilidades, buscar aperfeiçoamento. O exemplo de Leila Velez é emblemático nesse campo: apesar do sucesso vigoroso do Beleza Natural, a executiva foi buscar (ainda mais) aprendizado na Universidade Columbia para promover uma revisão estratégica na empresa. Sobre a experiência, ela conta:

> Em 2010, fiz um curso em Columbia para repensar processos, e você tinha que escolher o processo para fazer o trabalho de conclusão de curso. Eu resolvi ir além: quero fazer um processo de revisão estratégica do negócio, como se eu fosse começar o Beleza Natural de novo, passando a limpo tudo aquilo que a gente aprendeu nesses anos e replicando aquilo que faz sentido daqui pra frente. Para o Beleza Natural é muito difícil você fazer algumas comparações diretas de *benchmark*, porque a gente é meio que um bicho híbrido: eu não sou varejo, eu não sou salão de beleza, eu não sou fábrica... Quem é o meu *benchmark* pra cada um desses itens? A gente é meio que uma mistura dessas três coisas. Então, eu procuro buscar o *benchmark* em melhores práticas, independente de setor, independente do perfil da empresa. Se é uma empresa menor, maior, não importa. Se ela tem um bom exemplo, uma coisa que a gente possa absorver... Mas, nesse momento, como a gente estava querendo fazer uma comparação, isso não era tão óbvio, então a gente começou a comparar os próprios institutos. Os que já existiam na época eram onze. Desses, quais são os melhores em atendimento ao cliente? Qual é o que tem maior produtividade? Qual é o que tem a melhor lucratividade por metro quadrado? Enfim, a gente elencou dezessete parâmetros, né, indicadores de desempenho. Eles foram comparados e a gente foi entender. Quando eu falo a gente, eram as equipes que nós tínhamos, divididas em equipes multidisciplinares: tinha uma pessoa do financeiro,

uma pessoa de marketing, uma pessoa de RH, uma pessoa da fábrica... Dividiu em grupos e os grupos foram direcionados para cada um desses aspectos. Foi muito interessante, porque a gente começou a perceber o que essa equipe tem de especial pra ser mais produtiva ou ter a melhor resposta de atendimento ao cliente. Isso foi para todo o resto. A partir desse mosaico – foi como se nós tivéssemos pegando o melhor do melhor –, foi feito um modelo teórico. Então, se a loja ideal fosse nascer agora, essa seria a cara dela, teria essa equipe e, a partir disso, a gente ficou pensando: "Dá pra passar a limpo esse que já é o melhor que a gente conseguiu até hoje? O que seria esse passar a limpo? Quais seriam os objetivos?". As lojas tinham tamanhos muito diferentes. As cores, a comunicação visual, a estrutura física, a quantidade de lavatórios, o processo em si... Tinham nuances de diferença em cada um dos institutos e essa era uma questão que a gente queria minimizar, para ficar com aquele modelo que era o mais produtivo, o melhor, o que dava o melhor resultado. Então, houve uma mudança arquitetônica muito forte na empresa, a gente reviu todo o *layout* da loja, contratamos engenheiros de produção pra mapear cada passo do processo e entender quantos minutos um cliente passava em cada fase, uma outra pesquisa foi feita para perceber qual era a sensação do cliente em cada fase: quando eu estou na recepção e estou esperando, a ansiedade... "Ai, vai dar ou não vai dar? O meu dinheiro vai dar? Quantas pessoas estão na minha frente? O que vai acontecer daqui pra frente?". Ainda mais quando o cliente vem pela primeira vez, não é meio óbvio, né, porque são processos de passar de uma estação para outra, como é que vai ser isso? Então, ali, a comunicação tinha que ser muito objetiva, muito rápida, para amainar essa ansiedade e dar o tempo de o cliente ir para a sala de espera e, aí sim, tempo para relaxar, para ter entretenimento, para ter uma outra fase... Isso foi feito para todas as fases do processo. O *layout* foi todo revisto para fazer com que o cliente tivesse a otimização do fluxo, para gerar a otimização do custo pra empresa e a otimização da experiência de encantamento. Então, a partir disso, as lojas passaram a ter uma passarela e um tapete vermelho com luzes de passarela, com espelho de corpo inteiro no final do processo. Tudo isso veio no final desse processo de estudo e pesquisa. A estrutura dos lavatórios, a quantidade de cadeiras de espera, a quantidade de lavatórios, a quantidade de salas, tudo isso foi repensado... Eu não vou me alongar no detalhamento porque a gente escreveu de *a* a *z*:

serviços, produtos, processos, tamanho de loja. A loja passou a custar três vezes menos, para você ter uma ideia, e ficou muito mais bonita. A gente tem uma loja muito mais plana, agora é um piso só, praticamente sem paredes que dividem. São tijolos de vidro baixos para que a gerência consiga ver todo o fluxo. Além de ajudar no gerenciamento, o cliente tem uma visão muito mais otimizada do passo a passo, para onde eu vou, qual é o próximo momento do atendimento. A cliente, enquanto aguarda, ela observa, e isso é um fator muito importante, porque as nossas clientes são visuais, elas precisam ver repetidamente para gravar a informação. Então, ela está sentada aguardando e, ao mesmo tempo, está observando alguém que está sendo atendido e aprendendo a técnica para que depois ela possa reproduzir sozinha. Tudo isso foram pequenas nuances de revisão do processo, e a parte de gente foi a mesma lógica. Quem são as nossas melhores pessoas? Quem são essas pessoas mais produtivas, que têm o maior desejo de servir, as características que nós gostaríamos de ver multiplicadas em todos os colaboradores? Na época eram 1.500 colaboradores, e a gente fez uma pesquisa com todos eles. A gente tinha que criar o nosso DNA, um DNA Beleza Natural que não dependesse de mim, não dependesse de nenhum de nós [sócios] para que a multiplicação desse certo. E a gente foi construir esse DNA a partir da pesquisa dos colaboradores que representam as melhores práticas, entendendo o que eles tinham de capacidade e competências que eram comuns e medindo todos os outros. Esse DNA virou uma espécie de teste que serve para seleção, que serve para a avaliação de desempenho, que serve para uma série de desenvolvimentos, onde você tenha um mapeamento. [...] O sucesso de hoje não garante nada. É um mundo que está em constante mudança. E se você não se adapta muito rápido, não está o tempo inteiro em evolução... O nosso sucesso está diretamente ligado à nossa capacidade de ter como nossa maior vantagem competitiva entender profundamente a nossa cliente, a realidade em que ela vive, os desejos, as aspirações. E essas aspirações mudam! Se a gente não tiver a capacidade de se flexibilizar e de se transformar, você deixa de ser inspiracional, você deixa de ser alguém que está entregando valor e passa a ser mais um... No dia em que eu passar a ser um salão de beleza, acabou o Beleza Natural. A gente não pode ser um salão de beleza, a gente não pode estar aqui pra vender produto, mas sim esse desejo de transformação de vida, de autoestima... É muito sutil, é muito intangível, é nos detalhes. Então, é uma evolução constante.

Em busca de aprimoramento constante, o Beleza Natural conta com vários canais para ouvir o cliente. Além das redes sociais monitoradas, do *call center* e das pesquisas feitas constantemente nos institutos, eles realizam visitas na casa das clientes para observar como é feita a utilização do produto, onde armazenam, como se relacionam com a marca. A própria Leila participa dessas visitas. Além disso, cada instituto tem uma equipe de colaboradoras de diversas áreas (com exceção dos cargos gerenciais) que se reúne mensalmente para pensar possibilidades de mudança no processo, inovações, sugestões para ampliar a satisfação do consumidor. Segundo Velez, as colaboradoras que têm contato direto com o consumidor final são um canal poderoso de informação, porque elas passam a conhecer a visão dos clientes a partir da relação que têm com eles no dia a dia. Vários produtos e processos do Beleza Natural foram criados a partir desse *feedback*.

Duda Kertész não admite acomodação em sua equipe. A executiva da Johnson & Johnson afirma que está em constante busca pela inovação. Ela tem a inquietude de querer fazer sempre diferente, buscar aprimoramento constante e, por isso, gosta de provocar seus liderados, tirá-los do conforto para poder dar o próximo salto. Para Kertész, a acomodação é o pior defeito que uma organização pode ter.

CAPÍTULO 4
AMPLIANDO SUA INFLUÊNCIA E SEU PODER PESSOAL

Neste capítulo, abordarei algumas estratégias que você pode colocar em prática para superar barreiras de gênero no ambiente organizacional. Gerenciar seu impacto e influência sobre o outro, bem como a percepção dele sobre você são coisas que se pode fazer mais facilmente do que, por exemplo, mudar a cultura da organização onde trabalha. Meu foco será em aspectos de relacionamento e comunicação interpessoal, que são comumente afetados pela questão dos gêneros no campo profissional. Com isso, espero ajudá-la a reforçar parcerias duradouras que enriqueçam e impulsionem sua carreira.

1. Network

Em um levantamento realizado pelo Center for Work-Life Policy[77], da Universidade da Flórida, sobre a percepção de homens e mulheres acerca do que potencializa sua carreira, foi encontrado o seguinte resultado:

- 77% das mulheres disseram que o mais importante é "o que você faz", que inclui trabalhar duro por muitas horas e a formação educacional que conquistou.

---
[77] http://www.worklifepolicy.org

- 83% dos homens disseram que o mais importante é "quem você conhece".

Temos uma diferença significativa aí, e podemos considerar que talvez muitas mulheres subestimem a importância das relações interpessoais para o sucesso profissional. Fazer *networking*, na visão tradicional, é construir e alimentar continuamente uma rede de pessoas com quem você possa contar no âmbito profissional (e que possam contar com você). Essa rede pode incluir atuais ou antigos chefes e colegas de trabalho, clientes, fornecedores, ex-professores, amigos do tempo de escola/faculdade, colegas de pós-graduação etc. Essas conexões funcionam também como um capital de que se pode dispor ao longo da carreira para obter vários tipos de suporte, como bons conselhos, dicas úteis, ajuda para obtenção de novas colocações etc. Quem trata a criação e a manutenção dessa rede de forma estratégica ganha uma vantagem competitiva relevante. Para isso, é necessário saber aonde você quer chegar na carreira, quem pode ajudar você e de que forma, e também o que você pode fazer por essas pessoas, para que se estabeleçam relações positivas para ambos os lados.

É importante que os parceiros de sua rede saibam o que você já realizou e está realizando profissionalmente, em que área se destaca e quais os seus interesses profissionais no momento, para que possam se lembrar de você quando surgir uma oportunidade adequada ao seu perfil. Da mesma forma, você também deve conhecê-los, para que se possam estabelecer relações de ajuda mútua. Essas conexões deverão ser cultivadas no longo prazo e de forma sistemática. Lembre-se: o mais importante é a qualidade das relações, não a quantidade. Adicionar centenas de contatos no LinkedIn, por exemplo, não lhe garante uma rede consistente. Esses contatos sabem quem você é, quais são os seus diferenciais, o que já realizou de notável na carreira? Se as pessoas mal conhecem você, sua rede é frágil.

Gerber e Paugh[78], CEO e COO, respectivamente, da Community Company, defendem que se deve abandonar a ideia de *networking* associada à ampliação de uma rede de contatos superficial, voltada apenas para a

---

78 GERBER, Scott; PAUGH, Ryan. **Superconnector**: *stop networking and start building business relationships that matter*. New York: Da Capo Press, 2018.

obtenção de benefícios pessoais. De acordo com os executivos, as pessoas precisam focar em construir relações profissionais significativas. Isso exige, entre outras coisas, vontade genuína de conhecer e contribuir com a vida de outras pessoas. Para tanto, cultive e expresse interesse sincero pelo que é importante para o outro; pergunte sobre seus valores, objetivos, sua forma de ser e trabalhar (perguntas são sempre uma boa forma de quebrar o gelo num primeiro contato); valorize suas conquistas; mostre sua preocupação e solidariedade quando o outro não está bem; manifeste-se em datas importantes, como aniversário ou nascimento de um filho. Fazer da generosidade um hábito, além de tornar você uma pessoa melhor, contribui para gerar confiança, que é uma das bases de relações saudáveis e consistentes.

Outro ponto ressaltado por Gerber e Paugh, com o qual concordo plenamente, é a importância da gratidão para a construção de relacionamentos significativos. Agradecer os grandes e pequenos gestos dos colegas faz com que eles se sintam valorizados e contribui para fortalecer o vínculo entre vocês. Tudo isso, obviamente, requer dedicação de tempo e energia. Sendo assim, os autores defendem o que chamam de "arte da seletividade", ou seja, a capacidade de perceber e priorizar as relações mais relevantes para o crescimento pessoal e profissional, criando estratégias para desenvolvê-las e mantê-las.

De acordo com Maurício Cardoso, um dos fundadores do Clube do Networking[79], para criar e manter uma rede de conexões fortalecida, você precisa ser capaz de ouvir o outro com atenção, ter disponibilidade para colaborar sem pedir nada em troca e falar claramente sobre aquilo de que precisa e aquilo que pode oferecer. *Networking* exige competência comunicativa. Saber contagiar o outro com as suas ideias e sonhos é essencial para conquistar parceiros dispostos a colaborar. Uma fala objetiva, calcada em valores nobres (partilhados pelo ouvinte) e embalada por entusiasmo e brilho nos olhos ainda é uma das formas mais eficientes de sensibilizar o outro para os seus projetos e para criar conexões. Mas atenção: ouvir mais do que falar é uma regra importante do *networking*.

Você precisa ser estratégico ao escolher como e quando vai entrar em contato com os membros da sua rede: que tipo de *follow-up* fornecerá, a quais eventos irá comparecer etc. Não há receita única. Cada profissional

---

[79] http://clubedonetworking.com.br

deve desenvolver hábitos e formas de conexão adequados às suas necessidades e à sua personalidade. Segundo Maurício Cardoso, há muitos profissionais que não gostam de "fazer social" e não apreciam eventos tradicionais, como festas e *happy hour*. É importante descobrir o que lhe causa incômodo nas interações sociais e por que, buscando encontrar modelos de interação confortáveis para o seu perfil: "Em vez de ir ao bar no fim do expediente, ele pode convidar colegas do escritório para uma partida de futebol, por exemplo, e assim desenvolver relacionamentos", afirma Cardoso[80].

Para a especialista em liderança Denise Rabius, professora da Universidade de Stanford, a criação de uma *network* exige empenho e dedicação e deve ser encarada como parte do seu trabalho, a ser cumprida regularmente. Se você esperar para entrar em contato com a sua rede apenas quando estiver procurando emprego ou precisando de ajuda profissional, é sinal de que já esperou tempo demais. Reforçar seus relacionamentos de trabalho no dia a dia vai muito além do tradicional *happy hour* ou almoço de negócios. Pode se dar por uma troca de mensagens para saber as novidades, uma notícia importante partilhada com um colega, um telefonema parabenizando por uma conquista etc.

Contribuir objetivamente com as pessoas da sua rede é uma forma eficiente (e prazerosa, eu diria) de reforçar relações, ajudando a construir uma imagem positiva a seu respeito. Avisar sobre uma vaga que possa interessar a um contato em particular, apresentar pessoas que possam ajudar umas às outras (nesse caso, marcar um café com dois ou três colegas e conectá-los gera mais impacto do que uma introdução por mensagem escrita), repassar a alguém específico uma bibliografia que possa ser útil, em suma, colaborar com a carreira de um colega (sobretudo quando ele mais precisa) é uma ação que, além de nos trazer satisfação por estarmos fazendo bem aos outros, pode nos aproximar das pessoas e tornar as relações mais significativas.

A Endeavor traz algumas sugestões para potencializar o seu *networking*[81]. Entre elas:

---

[80] https://exame.abril.com.br/carreira/como-ter-um-networking-eficiente-se-voce-detesta-fazer-social/
[81] https://endeavor.org.br/tudo-sobre/networking-como-criar-conexoes-que-abrem-portas-e-fecham-novos-negocios/

- "Use cada pessoa que você conhece para conhecer uma nova". Alguns contatos que você já tem podem ser úteis para lhe apresentar alguém que possa expandir sua rede.
- "Faça sempre o follow-up depois do primeiro contato". Mande mensagem agradecendo pela conversa, incluindo um gancho no final para desenvolver a conexão: pode ser uma pergunta que aprofunde o tema de que trataram, um convite etc.
- "Se você quer conhecer pessoas, tem que ir aonde as pessoas se encontram". Conheça os eventos mais importantes do seu setor (feiras, convenções, simpósios, festas, congressos, palestras, festivais etc.) e detecte onde estará o tipo de pessoa que deseja conhecer (investidores, novos clientes, fornecedores, empreendedores etc.). Assim, poderá fazer uma lista dos eventos mais estratégicos para você. Planeje com antecedência a comunicação com a pessoa-chave que deseja conhecer nesses locais. Se o primeiro contato for produtivo, você conseguirá atrair a atenção/interesse da pessoa e sairá com a possibilidade de uma nova conversa. Lembre que, chegando cedo aos eventos, há menos pessoas presentes, o que pode facilitar a aproximação.

A figura do patrocinador sempre merece atenção especial no *networking*, já que é alguém que está disposto a "advogar" por você, indicar o seu nome quando surgir uma vaga adequada ao seu perfil, investir na sua ascensão profissional. Por isso, o patrocinador precisa estar sempre a par de seus diferenciais e conquistas, o que está fazendo no momento e quais são os seus objetivos atuais.

2. Mentoria

Dentro de uma rede de relacionamentos profissionais, o mentor é aquela pessoa que assume você como uma espécie de pupilo e lhe dará conselhos e orientação. Sendo assim, é uma relação que merece cuidado especial. Paulo Erlich esclarece:

> O mentoring (mentoria) vem sendo reconhecido mundialmente como um dos melhores métodos para desenvolvimento do indivíduo em diversas dimensões da vida, inclusive o trabalho e a profissão. Em sua forma básica, trata-se de um processo relacional em que uma pessoa (mentor/mentora), com base em seu conhecimento e experiência, voluntariamente estimula e influencia outra pessoa (mentorado/mentorada) na aquisição de conhecimento e no desenvolvimento emocional ou social[82].

Por ter mais experiência profissional, o mentor ou mentora poderá compartilhar seu aprendizado, fornecendo sugestões, críticas positivas, ajudando na solução de problemas, levantando questões importantes, ajudando a responder a elas etc. A mentoria pode se dar na parte técnica do trabalho e/ou no encaminhamento da carreira. Não necessariamente o mentor agirá como patrocinador. A mentoria pode ocorrer espontaneamente ou formalmente, por iniciativa das empresas. Para Sandberg, procurar ou forçar a ligação com um mentor raramente funciona:

> Quando dou palestras ou participo de um encontro, é impressionante a quantidade de mulheres que se apresentam e, no mesmo instante, me pedem para ser mentora delas. [...] A pergunta é totalmente brochante. Todas as mulheres de alto escalão com quem conversei sobre isso recebem uma enxurrada de solicitações assim. A reação delas é unânime: "Ah, nunca sei o que dizer quando gente que não conheço me pede para ser sua mentora". A interação pode ser lisonjeira, mas incomoda. Mesmo a magnata dos meios de comunicação, Oprah Winfrey, que tanto ensinou a uma geração inteira, admite que se sente pouco à vontade quando alguém lhe pede orientação. Uma vez ela explicou: "Oriento quando vejo alguma coisa e digo: 'Quero ver isso crescer'". (SANDBERG, 2013, p. 87)

Algumas empresas oferecem programas estruturados de mentoria, com o objetivo de acelerar o desenvolvimento de competências e melhorar o desempenho profissional dos mentorados. Alguns desses programas são específicos para funcionárias mulheres, como veremos no próximo capítulo.

---

[82] http://www.erlich.com.br/2016/05/03/de-onde-realmente-vem-a-palavra-mentor/

Buscar um mentor é útil apenas para profissionais em início de carreira? Não necessariamente. Profissionais seniores também podem buscar esse tipo de orientação, conforme sua necessidade. Vejamos o exemplo de Paula Bellizia e suas mentoras na Microsoft. A executiva tem duas "mentoras reversas", que são duas jovens na casa dos vinte anos, funcionárias da empresa. Uma atua na área de marketing, e a outra, na área de serviços. A cada 45 dias, Paula se reúne com elas para ouvir conselhos e críticas e perceber em que precisa melhorar. No início, as jovens ficaram reticentes em criticar a CEO da empresa. Mas, rapidamente, passaram a dar conselhos e *feedbacks* importantes. Pedi a Paula que me desse alguns exemplos, e ela citou falas das mentoras sobre a área de comunicação interna: "Ó, Paula, a *newsletter* é legal, mas *newsletter* não funciona mais. Pô, por que que a gente não faz uma coisa mais bacana, com aplicativo?"; "Olha, Paula, a cultura está muito legal aqui em cima, mas não está cascateando. Meu gerente me falou isso, isso e isso". Bellizia percebe que os usos e significados que outras gerações constroem para a tecnologia disponível no mercado são diferentes dos de sua geração. Assim, forma-se um *know-how* específico das novas gerações que a líder não domina totalmente. E tem a humildade de buscar conhecer.

Leila Velez, apesar de ser uma executiva experiente e de sucesso, até hoje utiliza a mentoria que a Endeavor lhe oferece em diversas áreas. A executiva tem acesso à rede de empreendedores e de mentores da Endeavor, composta pelos principais executivos do Brasil e do exterior. Dessa rede, Leila busca os mentores que têm a ver com o momento do seu negócio. Por exemplo, quando estavam discutindo se o Beleza Natural deveria crescer como franquia, foi pedir à Endeavor que a colocasse em contato com Marcelo Cherto, referência na área. Quando precisaram aprimorar a estratégia financeira, procurou o Fersen Lambranho, que foi seu mentor e, depois, acabou se tornando seu sócio.

Ao mesmo tempo, Leila atua como mentora de outras mulheres no programa *Entrepreneurial Winning Women Brazil*, da EY:

> Essa iniciativa conecta, todos os anos, uma elite de empreendedoras com um time de conselheiros de alta performance, cuja maioria é formada por mulheres, e impulsiona suas competências por meio de um programa customizado de mentoria executiva. O programa de mentoria, com duração de um ano, proporciona às empreendedoras a oportunidade de aperfeiçoar conhecimentos essenciais ao mundo dos negócios, tais como branding, liderança, gestão e relacionamento[83].

Paula Bellizia também atua como mentora de pessoas que trabalham dentro e fora do Brasil. A mentoria se dá de forma organizada pela empresa, mas também de maneira espontânea, com pessoas que a procuram pelo LinkedIn, em eventos ou outras ocasiões fora da Microsoft. A executiva mantém um limite de oito a dez pessoas, para poder se dedicar a elas com profundidade. Ela afirma que também aprende bastante com seus mentorados.

Algumas das líderes que entrevistei também buscam o auxílio de *coaching* profissional quando percebem que precisam evoluir ou melhorar sua performance em alguma área. Claudia Sender conta que já recorreu a uma *coach* para aprimorar a relação com a equipe na época. Seu objetivo foi atingido, e, segundo a executiva, foi um processo de muito aprendizado sobre liderança. Renata Chilvarquer também buscou a ajuda de um *coach* para desenvolver seu lado empático como líder, e acabou entendendo como poderia trabalhar melhor a sensibilidade para entender as pessoas, o lado humano. Sheryl Sandberg conta, em seu livro *Faça Acontecer*, que já recorreu a uma *coach* na área de comunicação:

> Todos têm espaço para melhorar. Muita gente tem um estilo no trabalho que exagera numa direção só – agressiva demais ou passiva demais, faladora demais ou tímida demais. [...] Depois de identificar esse ponto fraco [falar demais], procurei ajuda para corrigi-lo. Recorri a Maureen Taylor, instrutora de comunicação, que me deu uma tarefa. Durante uma semana, eu não poderia dar minha opinião, a não ser que pedissem. Foi uma das semanas mais compridas da minha vida. Quando queremos nos corrigir, tentar exagerar no sentido contrário pode ser uma ótima maneira de encontrar um meio-termo.

---

[83] https://www.ey.com/br/pt/services/strategic-growth-markets/programa-winning-women-brasil

3. Desafios de gênero nas interações e caminhos de superação

No campo do *networking*, construir relações profissionais significativas traz alguns desafios específicos para o sexo feminino. Esse é mais um ponto em que as mulheres ficam em desvantagem em relação aos homens no meio empresarial. Sheila Wellington, ex-presidente da Catalyst, observa que, após o trabalho, "homens vão para o bar, mulheres vão para a máquina de lavar"[84]. Na visão de Sheila, a sobrecarga de trabalho doméstico e familiar – que os homens casados não enfrentam em igual intensidade – é um dos fatores que fazem com que as mulheres fiquem de fora de momentos em que, depois do expediente, as pessoas socializam, fazem contatos, discutem projetos que ainda são embrionários (nesse caso, quem está desde o início da conversa pode ter uma vantagem competitiva) etc. Por outro lado, na opinião da pesquisadora Denise Rabius, a aliança no dedo ajuda a mulher no *networking*, pois ela pode ser mais amigável, já que todos sabem que é comprometida. Mas alguns tipos de marido/companheiro podem representar um obstáculo para a construção da rede de contatos profissionais das mulheres, como explica Leila Velez. Para a CEO, *networking* é fundamental para a carreira, e a mulher precisa ter a liberdade de marcar encontro com colegas de profissão depois do horário de trabalho, sem precisar enfrentar ciúme e desconfiança desnecessários por parte do companheiro. Leila levanta a questão: "Quanto as mulheres deixam de ter acesso ao benefício de coisas desse tipo se não houver a capacidade de o companheiro entender quanto isso é relevante para o crescimento delas?".

Como vimos, muitas mulheres, por considerarem que "basta demonstrar competência" para serem promovidas, acabam subestimando esse tipo de socialização profissional fora do expediente. Desse modo, não percebem que, nesse convívio mais descontraído, relações de trabalho são aprofundadas, negócios são fechados e circulam informações importantes, que talvez não pudessem ser obtidas pelos trâmites normais do ambiente empresarial.

---

84 WELLINGTON, Sheila. **Be your own mentor**: strategies from top women on the secrets of success. New York: Random House, 2001, p. 110.

Outro obstáculo para o *networking* da mulher é o tipo de evento que é criado para a socialização entre os funcionários. Alguns são absolutamente "Clube do Bolinha". Um exemplo radical aconteceu com uma conhecida. Ela trabalhava no mercado financeiro e estava acostumada a lidar só com homens no trabalho. Quando começou a viajar regularmente para o Sul do país a trabalho, descobriu que os colegas de viagem tinham como hábito ir ao prostíbulo mais famoso da cidade para descontrair. Ela percebeu que, nesse ambiente, assuntos de trabalho eram mencionados, oportunidades surgiam, decisões eram tomadas e as pessoas ganhavam intimidade. Como participar de uma situação dessas? Devo dizer que ela até tentou, mas o constrangimento fez com que saísse após dez minutos no local.

Sheryl Sandberg aponta outra dificuldade extra que as mulheres enfrentam nos contatos com seus chefes, mentores e patrocinadores do sexo masculino:

> É muito frequente que as mulheres em posição subordinada e os homens em posição mais alta evitem se envolver em relações de orientação ou patrocínio por medo do que os outros possam pensar. Um estudo publicado pelo *Center for Work-Life Policy* e pela *Harvard Business Review* mostrou que 64% dos homens no nível de vice-presidente para cima hesitavam em ter uma reunião individual com mulheres em posição mais baixa. Metade delas, por sua vez, evitava contato próximo com homens de alto escalão. Esse comportamento evasivo precisa ter fim. Ligações pessoais levam a indicações e promoções, e assim tem que ser normal que mulheres mantenham contatos e encontros informais com seus superiores, tal como fazem os homens. Se um superior e um subordinado estão num bar, entende-se que é uma relação de orientação. Um superior e uma subordinada também podem estar num bar numa relação de orientação... mas parece um encontro amoroso. Essa interpretação tolhe as mulheres. [...] Na Goldman Sachs, no final dos anos 1990, Bob Steel, integrante do comitê administrativo, percebeu esse problema de interpretação e apresentou uma solução admirável. Pai de três filhas, Steel disse a uma turma em treinamento que tinha uma "política apenas de café da manhã ou almoço" com os funcionários, porque não se sentia à vontade para jantar com funcionárias mulheres e queria que todos tivessem a mesma possibilidade de contato com ele. [...] **Tudo o que iguala as**

> oportunidades para homens e mulheres é correto. Alguns fazem isso adotando a política de não sair para jantar; outros podem adotar a política de jantar sem discriminação. Em ambos os casos, precisamos de práticas que possam ser aplicadas igualmente. (SANDBERG, 2013, p. 95-96) [Grifo meu]

Nas entrevistas, nossas líderes demonstraram preocupação em realizar eventos de confraternização acolhedores, em que homens e mulheres se sintam incluídos e confortáveis. Duda Kertész e Claudia Sender participam de cafés da manhã com colaboradores (de diversos níveis hierárquicos). Paula Bellizia instituiu um *happy hour* dentro da própria empresa, com direito a cerveja. Assim, elas constroem um ambiente inclusivo e mais descontraído para tecer relações, falar (também) de trabalho e trocar informações importantes.

Para diminuir o impacto da questão de gênero na formação de *network*, ações coletivas podem ter mais força. Quando o evento programado pelos colegas for considerado desconfortável ou inadequado para as mulheres, sugira outro. Pode, inclusive, ser explicitado que as mulheres se sentirão mais à vontade se o encontro ocorrer em outro lugar. Essas atitudes podem – mas não precisam – ser tomadas apenas por você. A ideia é que colegas do sexo feminino no trabalho sejam parceiras nesse tipo de ação. Uma estratégia sugerida no livro *Feminist Fight Club: a survival manual for a sexist workplace*, de Jessica Bennett, para ampliar a socialização da mulher com colegas de trabalho do sexo masculino é o autoconvite. Se um grupo de homens da empresa está indo a um bar, não se faça de rogada, peça para ir também. Bennett também sugere que se combine um almoço feminino no mesmo local onde os homens costumam ir juntos. Isso pode fazer com que eles acabem se misturando ao grupo, favorecendo uma relação menos sexista entre os colegas.

Um problema grave e bastante frequente que as mulheres enfrentam nas interações com homens no ambiente de trabalho é o assédio sexual. Uma pesquisa realizada pela ONG *Care* em diversos países, divulgada em 2018, revelou números impressionantes sobre assédio e abuso sexual no ambiente de trabalho[85]. De um total de quase 10 mil homens entrevistados,

---

[85] https://noticias.bol.uol.com.br/ultimas-noticias/entretenimento/2018/03/13/para-23-dos-homens-e-normal-que-chefe-espere-por-sexo-com-funcionaria.htm

23% declararam que consideram aceitável o empregador pedir ou esperar por sexo ou interação íntima com as funcionárias. "Esperar por sexo com seu funcionário não é um requisito profissional, é abuso sexual", ressalta a CEO da *Care*, Michelle Nunn. Na mesma pesquisa, 32% das mulheres entrevistadas afirmam já terem sido vítimas de assédio ou abuso sexual no trabalho. Raquel Preto, sócia-fundadora do escritório Preto Advogados, em São Paulo, se pronuncia a respeito do tema:

> Uma em cada três mulheres no mundo sofreu, está sofrendo ou vai sofrer assédio. Não adianta Catherine Deneuve dizer que é um exagero. Exagero são os anos de tolerância e subordinação das mulheres dentro e fora das empresas. A grande questão da Humanidade é resolver a diferença de gênero e da violência culturalmente admitida contra a mulher[86].

A campanha *#MeToo*, que encorajou mulheres a publicarem nas redes sociais suas experiências como vítimas de assédio sexual, deixou muita gente assustada ao constatar a amplitude do problema. O debate sobre o assunto vem aumentando, e com ele o número de denúncias no ambiente de trabalho, que mais do que dobrou entre 2012 e 2017, segundo dados do Ministério Público do Trabalho. As empresas precisam ter canais de denúncia e regras claras para lidar com o problema.

Rosemari Capra-Sales, diretora de Ética da L'Oréal, explica que, em sua empresa, a denúncia pode ser feita por meio de um canal que funciona 24 horas e que permite anonimato. Há ainda uma instância internacional à qual é possível recorrer[87]. Há um capítulo no código de ética da L'Oréal somente sobre assédio, visando à sua prevenção. Também com essa finalidade, no Fundo Monetário Internacional (FMI), todos os funcionários (de todos os escalões) precisam passar por um treinamento antiassédio, em que são abordados temas como: o que é assédio, o que fazer quando se vivencia assédio no ambiente de trabalho, quais são os mecanismos disponibilizados pela instituição para resolver situações desse tipo etc. Uma aluna de MBA, que ocupava posição de gerência em uma grande empresa, contou que sofreu assédio por parte do chefe direto. Ela recolheu algumas provas e fez

---

86 https://oglobo.globo.com/economia/assedio-no-trabalho-dificulta-ascensao-de-mulheres-nas-empresas-22285265?utm_source=WhatsApp&utm_medium=Social&utm_campaign=compartilhar
87 Idem.

uma denúncia embasada no canal que a empresa disponibilizava para essa finalidade. No fim das contas, o chefe foi transferido para outra filial. Essa atitude da empresa deixou minha aluna muito decepcionada. Se ele é um assediador, de que adianta trocá-lo de local dentro da própria instituição? Outras mulheres poderão ser submetidas à mesma situação. Isso mostra que a empresa não está verdadeiramente preocupada com o que sofrem suas funcionárias nesse campo. Ética exige coerência entre discurso e ação.

Silvia Fazio, diretora-presidente da *Women in Leadership in Latin America*, afirma que cada vez mais empresas investem em canais de denúncia para coibir e punir qualquer tipo de assédio. Mas é preciso garantir o sigilo e proteger a denunciante de represálias profissionais. Além disso, criar o canal, mas não punir o assediador tem consequências piores do que não promover políticas a respeito. Os funcionários entendem que a empresa tolera esse tipo de agressão em seu ambiente.

Outra prática que a diretora recomenda às instituições em busca de uma cultura ética são as entrevistas de saída, pois é um momento em que a mulher se sente mais à vontade para relatar situações em que foi assediada. Obviamente, apenas uma pequena parcela das vítimas denuncia enquanto trabalha na empresa, por medo de sofrer prejuízos profissionais. Maria Fernanda Teixeira, CEO da Intergrow (consultoria para programas de governança corporativa, gestão de riscos e *compliance*), comenta o assunto: "Sofri muito com isso [assédio]. Nunca fiz uma denúncia oficial, porque sentia que eu, a parte mais fraca, seria prejudicada"[88]. Aprender a se desviar das situações de assédio sexual, sem denunciar, é uma estratégia comum a muitas mulheres, por medo de represálias. Foi a postura que adotei durante muito tempo. Mais recentemente, fiz uma denúncia formal de assédio moral, documentada, que não deu em nada. Denunciar não é fácil, mas estamos avançando. Eu não fico mais calada, por pensar nas mulheres que virão depois.

Há várias estratégias possíveis para lidar com o assédio sexual no ambiente profissional[89]. A maioria das executivas com quem conversei

---

[88] https://oglobo.globo.com/economia/assedio-no-trabalho-dificulta-ascensao-de-mulheres-nas-empresas-22285265?utm_source=WhatsApp&utm_medium=Social&utm_campaign=compartilhar
[89] A OIT e o Ministério Público do Trabalho publicaram uma cartilha que ensina como identificar e reagir ao assédio sexual no trabalho: http://www.ilo.org/brasilia/publicacoes/WCMS_559572/lang--pt/index.htm.

confirma que já passou por isso. Elas contam como reagem a esse tipo de situação. Paula Bellizia utiliza algumas estratégias para lidar e para prevenir o assédio masculino. Quando vai jantar com cliente, por exemplo, nunca vai sozinha. Há sempre alguém da equipe com ela. Busca agir da mesma forma em eventos e viagens. E, quando precisa viajar, sempre que possível volta no mesmo dia, para dormir em casa, mesmo que chegue de madrugada. Apesar de todo o cuidado, quando algum tipo de assédio ocorre, Paula procura não dar muita atenção; ela sai da situação com jogo de cintura e não leva para o lado pessoal.

Sylvia Coutinho usa o humor como aliado nessas situações. Em comum, ambas têm o fato de perceber o assédio masculino como parte da nossa cultura machista, sem interpretá-lo como ofensa pessoal. Sylvia sempre se sentiu à vontade para sair e tomar chope com os colegas. Quando há paquera, brinca, faz palhaçada com a situação, "tira um sarro", como ela diz. Assim, o assédio não evolui.

Quando passa por situações desconfortáveis nesse campo, Leila Velez opta por mostrar os limites de forma bem objetiva. Além de frequentar ambientes profissionais muito masculinos, no exterior, Leila ainda precisa lidar com os estereótipos sexualizados da mulata brasileira que algumas vezes acabam vindo à tona indevidamente. Por isso, a CEO conta que já chega preparada para lidar com essas situações, no sentido de deixar claro qual é o papel dela ali e o que está buscando profissionalmente. Quando, por exemplo, começa um assunto de carnaval, ela corta de forma objetiva, diz que não tem interesse em falar sobre isso e pede que foquem no assunto do trabalho. Tem a mesma postura quando desvalorizam seu negócio com brincadeiras jocosas, que acabam sendo desrespeitosas. Leila é muito dura ao impor limites, e ressalta que esse tipo de situação é um desgaste a mais que as mulheres têm.

4. Competências socioemocionais e autoconhecimento

Situações de assédio, discriminação e desrespeito mexem com as emoções e desafiam nossas competências socioemocionais. Tonia Casarin, pesquisadora do tema, esclarece:

As competências socioemocionais incluem a capacidade de cada um lidar com suas próprias emoções, desenvolver autoconhecimento, se relacionar com o outro, de ser capaz de colaborar, mediar conflitos e solucionar problemas. Elas são usadas no nosso dia a dia de forma sistemática e integram todo o processo de formação de uma pessoa como um ser integral: indivíduo, profissional e cidadão. No século XXI, a interconectividade, a crescente complexidade das transformações sociais e tecnológicas, e a interação entre raças, gênero e religião, por exemplo, têm ampliado a relevância dessas competências para a realização no âmbito pessoal, de trabalho e social. Em 2015, a *Harvard Business Review* publicou um artigo com uma premissa que parece contraditória. No mundo cada vez mais tecnológico, as habilidades sociais e emocionais tornam-se mais importantes e fundamentais para as pessoas. Mais do que a capacidade de fazer cálculos de cabeça, saber se relacionar, comunicar, trabalhar em conjunto e se adaptar a circunstâncias diversas podem ser o diferencial para um candidato a uma vaga de trabalho[90].

Não há como uma pessoa se desenvolver como líder sem investir em habilidades sociais e emocionais. Arthur Diniz, especialista em liderança, considera que o autoconhecimento é uma das oito características essenciais para o líder do futuro. Opinião do especialista:

O líder do futuro sabe quais são seus pontos fortes e fracos, suas oportunidades e ameaças. Entende que pode controlar suas emoções e, com isso, gerenciar a própria motivação e a de seus seguidores. Ele usa essas informações para crescer e apoiar o crescimento de todos a sua volta. Faz diariamente o teste do espelho, verificando se aquela pessoa diante do espelho todas as manhãs é quem gostaria de ser e se é o tipo de pessoa que respeita e valoriza. Todos nós podemos nos tornar líderes melhores a cada dia. Mas, para que isso aconteça, é preciso saber como fazê-lo. Conhecer-se é essencial. Em nossos cursos de Liderança, pedimos aos participantes que listem cinco pontos fortes e fracos deles mesmos como líderes. É impressionante a quantidade de pessoas que não sabem identificar seus defeitos e suas qualidades como líder. Sem saber em que devemos melhorar, como podemos fazê-lo?[91]

---

90 https://www.toniacasarin.com.br/competencias-socioemocionais/
91 DINIZ, Arthur. **Líder do futuro**: a transformação em líder coach. São Paulo: PAE, 2012, p. 27.

No campo do autoconhecimento e do gerenciamento das emoções no trabalho, tive um aprendizado importante durante o curso de liderança que fiz com Denise Rabius, na Universidade de Stanford, que quero partilhar com você. Rabius ensina que temos diferentes tipos de *self talks* ("vozes interiores") que nos sabotam e, no ambiente profissional, nos levam a agir de forma prejudicial à carreira. Ela as chama de *saboteur voices* (vozes sabotadoras). É preciso conhecê-las e aprender a gerenciá-las. Sabe quando uma voz interior lhe diz insistentemente que você não é competente o suficiente para o seu trabalho, ou inflama você a reagir com excesso de emoção quando a desrespeitam ou desvalorizam, ou aconselha você a não lutar pela vaga que deseja porque não tem tanta experiência na área? Esses são alguns exemplos de vozes sabotadoras. Detectar e gerenciar nossas *self talks* amplia nossa competência comunicativa. A ideia não é eliminar a *saboteur voice*. Lembre-se: ela tem uma função. Não apareceu à toa, houve algum motivo. E por vezes ela pode até lhe ser útil. Mas você precisa estar no comando. Para isso, é importante:

- identificar quando sua *saboteur voice* entra em ação;
- assumir o controle racional sobre essas situações de comunicação, adotando uma postura mais produtiva.

Vou propor aqui um exercício de autoconhecimento e autocontrole[92] que me ajudou a identificar e melhor gerenciar minha principal voz sabotadora (lembrando que podemos ter mais de uma). Vamos lá!

1. Em primeiro lugar, procure descrever a sua *saboteur voice* com adjetivos. Quais são suas principais características? Entenda o tom da sua voz sabotadora e dê-lhe um nome próprio (isso facilitará a identificação e posteriores "negociações" com ela). A minha é a "Super Sue". Ela tem um tom *bastante* assertivo, provocador, por vezes agressivo.

---

[92] Tive contato com esse exercício no curso "Women Leaders: Mastering Influence, Power and Authenticity", da Universidade de Stanford, ministrado por Denise Rabius em 2017. Adaptei a dinâmica de sala de aula para o livro.

2. Em seguida, procure identificar o *gatilho* para que essa sua voz apareça: em que situações ela costuma vir à tona? As nossas vozes sabotadoras não surgem por acaso. Em algum momento, elas tiveram uma função e podem até ter nos ajudado algumas vezes. Por que será que a sua surgiu? A Super Sue aparece (hoje, com muito menos frequência) em situações em que sinto que estou sendo desrespeitada ou sofrendo alguma injustiça.
3. Agora, destaque os pontos positivos e negativos da sua voz sabotadora.
4. Por fim, pense em um exemplo de interação malsucedida, que evidencie os prejuízos profissionais que sua *saboteur voice* lhe causa. Provavelmente, você não vai conseguir eliminá-la, mas, aprendendo a identificá-la e a perceber suas consequências negativas, aumentam as possibilidades de não ser mais refém dela. Lembre-se: se a sua voz sabotadora estiver controlando a situação, você será levada pelas emoções, o que poderá prejudicar seu sucesso em determinada interação.

Você já teve a sensação de que é uma fraude no trabalho? De que é questão de tempo para as pessoas descobrirem que você não tem conhecimento ou experiência suficiente? Essa sensação está associada a um fenômeno chamado *síndrome do impostor*. Quando acometida pela síndrome, a pessoa tende a creditar seu sucesso no trabalho a fatores externos (sorte, mérito da equipe, engano do outro sobre ela...), mais do que à inteligência, competência ou habilidade pessoal; e credita o fracasso a fatores internos (suas deficiências pessoais). Ou seja, o profissional se percebe como um impostor, uma farsa, uma fraude no trabalho. Esse tipo de *saboteur voice* que nos faz duvidar de nossa capacidade costuma aparecer sobretudo em momentos de transição na carreira ou quando se está diante de um novo desafio profissional.

Uma pesquisa realizada pela psicóloga Gail Matthews, da Universidade Dominicana da Califórnia, concluiu que a síndrome do impostor atinge a maioria dos profissionais bem-sucedidos, sobretudo as mulheres. A premiada atriz Kate Winslet, a escritora Maya Angelous, a executiva da

Ernst & Young Liz Bingham, entre tantas outras, já admitiram que se sentiam uma fraude em sua área de atuação e tinham a sensação de que a farsa seria descoberta a qualquer momento. Sheryl Sandberg, uma das executivas mais bem-sucedidas do mundo, também revela que às vezes ainda se sente dessa forma:

> Sei que meu sucesso vem de muito esforço, da ajuda dos outros e da sorte de estar na hora certa, no lugar certo. Sinto profunda e constante gratidão pelos que me deram apoio e me abriram oportunidades. Reconheço o feliz acaso de ter nascido em minha família nos Estados Unidos, e não em algum dos inúmeros lugares do mundo que não reconhecem os direitos básicos das mulheres. Acredito que todos nós, homens e mulheres, devemos reconhecer nossa boa sorte e agradecer às pessoas que nos ajudam. Ninguém faz nada sozinho. Mas também sei que, para continuar a crescer e superar meus limites, preciso acreditar em minhas capacidades. Ainda enfrento situações que receio estar além de minhas qualificações. Tem dias em que **ainda me sinto uma fraude**. (SANDBERG, 2013, p. 55) [Grifo meu]

5. Discriminação e autoestima

Com o mundo do trabalho e os espaços de poder ainda dominados pelos homens, é compreensível que esse sentimento de inadequação ou insegurança profissional recaia mais fortemente sobre as mulheres (ou será que simplesmente elas admitem a síndrome mais do que os homens?). Renata Rocha, especialista em autoconhecimento e orientação vocacional, aponta o que considera uma das principais razões para a síndrome do impostor atingir mais mulheres do que homens: "Na infância, as meninas são elogiadas pela beleza, enquanto os meninos, por serem espertos ou corajosos. Não é à toa que nunca temos certeza da nossa competência". E isso não ocorre só na infância.

Uma destacada aluna que tive – feminista, inteligente e contestadora – contou-me que ouviu de um professor durante a graduação de Relações Internacionais de uma conceituada universidade privada do Rio de Janeiro: "Você é bonita demais para trabalhar". Essa mesma aluna precisou corrigir um de seus professores em outra oportunidade, por causa de exemplos machistas utilizados em aula. Segundo reportagem do portal G1, em 2017, alunos da Fundação Getúlio Vargas denunciaram professores de Economia e Administração devido a declarações machistas e racistas proferidas em sala de aula. Aqui ressalto, mais uma vez, que as mulheres negras têm a sua autoestima atacada duplamente em nossa sociedade (inclusive dentro da escola/universidade, durante sua formação), com discriminação de raça e de gênero. Uma estudante da Fundação Getúlio Vargas afirmou, em um grupo do Facebook fechado para alunos da universidade, que um de seus professores da Escola de Administração de Empresas declarou, entre risos: "Mulher só faz o trabalho quando enche ela de porrada. Não tem que tratar mulher com beijo e mimimi! Tem que tratar com tapa, tem que mostrar que quem manda é o homem"[93].

Um aluno da Esesp, uma escola de São Paulo, postou na sua página do Facebook, em 2018: "Hoje na minha escola uma aluna relatou que foi assediada no metrô, e um professor disse: 'Ele pode só ter escolhido comemorar o dia das mulheres passando a mão na sua bunda'. Trinta minutos depois, a direção estava LOTADA [grifo original da postagem] de meninas de todas as turmas". O estudante também postou vídeos do ocorrido. Esses são alguns exemplos de violência simbólica (na concepção de Pierre Bourdieu) vivenciada cotidianamente por crianças, adolescentes e jovens do sexo feminino em seus espaços de formação. Essa violência perpassa a fala e as ações dos professores (incluindo homens e mulheres), dos colegas do sexo masculino, da direção das instituições; faz parte dos livros didáticos, da pedagogia em geral, dos rituais escolares etc. Nas instituições de ensino, corpos e mentes de mulheres são moldados e docilizados para servirem a uma ordem social de dominação masculina. Nas famílias, também. Estou falando do que ainda predomina na nossa cultura, claro. Há exceções.

Alguns poderão argumentar sobre as falas dos professores citadas anteriormente: "Era só piada da parte deles!". Nem acho que seja o caso. De todo modo, sabe-se que "piadas" reforçam valores e são utilizadas como mecanismo de opressão e dominação. Compreendo que alguns ainda pensem que uma piadinha "não faz mal a ninguém", mas a sociedade como um todo ganharia muito se começássemos a refletir sobre

---

[93] https://g1.globo.com/sp/sao-paulo/noticia/aluno-da-fgv-e-acusado-de-racismo-apos-dizer-que-encontrou-escravo-no-fumodromo.ghtml

como piadas ajudam a fortalecer estereótipos, e como esses estereótipos podem gerar sofrimento nas pessoas. Em 2018, durante uma reunião do grupo Mulheres do Brasil, o presidente do Banco Santander, Sergio Rial, contou que demitiu um funcionário de alto escalão justamente por causa de uma "piada" sobre gays:

> Um diretor numa reunião, na área de banco de investimentos, virou para mim e disse: aqui não tem problema de diversidade, tem um monte de boiola [termo pejorativo para designar homens homossexuais] no meu grupo. Obviamente que, hoje, esse diretor está convivendo fora do banco[94].

Rial reforçou que o uso do humor como instrumento de dominação (diminuindo/ridicularizando grupos oprimidos socialmente) é um dos obstáculos visíveis para o avanço da **diversidade** nas empresas. Para que se crie um ambiente de respeito e valorização da diversidade (de gênero, orientação sexual, idade, etnia etc.), esse tipo de "humor" não pode ser tolerado no cotidiano. No ano passado, durante consultoria na área de Liderança e Ética a uma grande empresa envolvida na operação Lava Jato que pretendia se reposicionar no campo da responsabilidade social, uma funcionária me perguntou: "Cultura empresarial é o que está no site da instituição ou é o que vemos acontecer nos corredores?". Ela levantou um ponto muito importante. Para construir uma cultura sólida, refletida no comportamento diário dos seus membros, a organização precisa agir de forma coerente com os valores que prega, inclusive nos detalhes. É o que os americanos chamam de *walk the talk*. Parece óbvio, mas o que mais se vê são belas definições de cultura e valores nos sites e propagandas das empresas, mas que não se refletem no ambiente de trabalho e nas práticas de negócio da instituição.

Uma das barreiras internas que dificultam a ascensão profissional da mulher é a internalização de mensagens negativas sobre o sexo feminino que ouvimos durante toda a vida em uma cultura machista. O momento da conquista amorosa/sexual, que vivenciamos desde a adolescência, é um exemplo sintomático da diferença de expectativas sociais em relação aos gêneros. Tradicionalmente, a sociedade estimula que a

---

[94] https://exame.abril.com.br/carreira/ceo-do-santander-demitiu-diretor-que-fez-piada-maldosa-em-reuniao/

iniciativa seja do homem, e a mulher aguarde ser abordada/escolhida. Espera-se das mulheres um comportamento mais passivo – o que não combina com liderança, certo? Para nós, demonstrar ousadia nesse campo, expressar claramente desejo e interesse pelo sexo oposto, em geral, não são posturas legitimadas socialmente. Para eles, sim. Assim, estimula-se um comportamento proativo nos homens, que precisam desenvolver coragem e ousadia para a conquista. Além disso, podem exercitar a resiliência diante dos fracassos de suas investidas, aprendendo com seus erros. Essas são qualidades importantes para a liderança e o desenvolvimento da carreira. Estereótipos de gênero que associam o sexo feminino à passividade e à fragilidade podem trazer abalos para a autoconfiança da mulher e inseguranças na vida profissional.

Segundo pesquisa divulgada em 2013 pela Hewlett-Packard, as mulheres só se candidatam a uma vaga quando acreditam possuir 100% dos atributos necessários ao cargo. Já os homens se candidatam com 60% das competências requeridas. Sheryl Sandberg defende que as mulheres precisam exercitar esse tipo de postura mais ousada na vida profissional, devem aprender a cavar seu espaço de fala, a não se sentar no canto nas reuniões, a pedir aumento, a se candidatar a um cargo desejado, a divulgar com segurança suas ideias e seu trabalho. Sheryl comenta:

> Além das barreiras externas levantadas pela sociedade, nós, mulheres, também somos tolhidas por barreiras dentro de nós mesmas. Nós nos refreamos de várias maneiras, em coisas grandes ou miúdas, por falta de autoconfiança, por não levantar a mão, por recuar quando deveríamos fazer acontecer. Interiorizamos as mensagens negativas que ouvimos ao longo da vida – as mensagens que dizem que é errado falar sem rodeios, ter iniciativa, ser mais poderosas do que os homens. Reduzimos nossas expectativas do que podemos realizar. Continuamos a cumprir a maior parte do trabalho doméstico e da criação dos filhos. Comprometemos nossas metas profissionais para dar espaço a companheiros e filhos que às vezes nem existem. Em comparação a nossos colegas homens, é menor o número de mulheres aspirando a posições mais altas. E isso não é algo que as

outras mulheres fazem. Cometi todos esses erros. E às vezes ainda cometo. (SANDBERG, 2013, p. 21)

Portanto, não podemos ignorar que esses fortes condicionamentos, sociais e culturais, muitas vezes resultam em "escolhas individuais" associadas a menos ambição na esfera profissional (seja em cargos empresariais ou políticos) por parte das mulheres. Ou seja, a ambição profissional é normalmente estimulada no caso dos meninos/homens e tolhida no caso das meninas/mulheres, desde a socialização primária. Uma empresa (ou partido político) comprometida com a paridade de gênero em cargos de poder e prestígio precisa estar consciente dessa realidade. Assim, não basta dizer: "Mas não tem mulher se candidatando ou desejando determinada posição" e continuar escolhendo apenas homens (brancos, normalmente) para os cargos de liderança.

A vice-presidente de RH do Banco Santander, Vanessa Lobato, defende a necessidade de ações de inclusão por parte das empresas para ampliar a presença e a representatividade da mulher no mercado de trabalho – sobretudo em áreas ainda consideradas prioritariamente masculinas, como tecnologia, esportes, engenharia etc. Uma iniciativa do Santander nesse campo, que na visão de Vanessa vem trazendo bons resultados, é a exigência de que haja mulheres candidatas em todos os processos seletivos (internos e externos) do banco. A executiva ensina:

> Não é preciso escolher entre ser mãe e executiva, é possível ser os dois, ou ser muito mais que os dois, é possível fazer vários papéis. [...] Muitas mulheres precisam de um empurrão, porque não somos acostumadas a ouvir que somos capazes[95].

6. Gerenciando a percepção dos outros sobre você: a importância do *feedback*

Quando se decidem pela busca de ascensão profissional e/ou almejam cargos de liderança, as mulheres precisam gerenciar cuidadosamente a percepção de imagem que geram em seus pares, já que lidam com um cenário cultural desfavorável a elas nesse campo. Não basta ser competente, é preciso ser percebida como competente. Como já vimos,

---

[95] https://www.napratica.org.br/vanessa-lobato-rh-santander/?utm_source=PortalNP&utm_medium=PushNP

nesse ponto o mercado favorece o sexo masculino. Todos os estereótipos de gênero que desvalorizam as mulheres, presentes na educação familiar e escolar, na religião, nas artes, na mídia e outras experiências pelas quais passamos em uma cultura machista, acabam gerando vieses inconscientes de gênero nas pessoas. Estes impactam **julgamentos** e **decisões** de forma automática e não consciente. Assim, quando ouvimos a vida toda que homens são mais inteligentes, aptos à liderança e fáceis de conviver do que mulheres, isso acaba levando todos (homens e mulheres) a favorecê-los de maneira inconsciente em processos de contratação, premiação ou promoção, por exemplo.

No âmbito profissional, os vieses inconscientes são uma barreira poderosa que precisa ser vencida pelas mulheres. Nesse contexto, aprender a gerenciar a percepção dos outros sobre você torna-se uma questão vital para o sucesso profissional das mulheres, ainda mais do que para os homens. Sylvia Coutinho conta que sempre partilhou objetivamente com seus líderes os seus desejos, metas e possibilidades no campo profissional, sobretudo os que fogem ao que se espera de uma mulher na cultura machista. Essa é uma estratégia eficiente para evitar que colem um estereótipo na sua testa. Se você deixa claro para os seus superiores que almeja e está disponível para assumir cargos de liderança em outras cidades ou países, por exemplo, quando a vaga surgir, poderão pensar em você como possibilidade. Do contrário, o mais comum é que se priorize um homem na escolha, já que "mulher casada, com filhos, sabe como é, tem mais dificuldade para ser transferida para longe, por causa da família".

É importante saber qual é a imagem profissional que as pessoas têm de você, se coincide com a forma como se vê ou deseja ser vista. Os seus pontos fortes são conhecidos e valorizados? Busque *feedback*, entenda como você é percebida, verifique as semelhanças e diferenças entre a sua autopercepção e a opinião que os outros têm sobre você no campo profissional, e promova os ajustes necessários. Nesse caminho, o modelo Johari Window[96] pode ajudar. Descubra o que as pessoas sabem sobre você que você ainda não sabe sobre si mesma (faz parte da

---

[96] LUFT, J.; INGHAM, H. **The Johari Window**: a graphic model for interpersonal relations. Washington: Human Relations Training News, 1961.

blind area, ou área cega, da Johari Window) e utilize essa informação para o seu aprimoramento. Se constatar que há algo positivo sobre você como profissional (um diferencial, uma conquista...) que o interlocutor ainda não conhece (faz parte da *hidden área*, ou área oculta, da Johari Window), faça a informação chegar até ele.

Feedback é uma ferramenta essencial para ajudar a corrigir o *gap* entre o líder que você deseja e tenta ser e o líder que seus liderados acham que você é. O desconhecimento dessa diferença pode fazer com que a liderança escoe. Nessa área, a pesquisa "Women in the Workplace", da McKinsey & Company (2016), comprovou que mulheres recebem 20% menos *feedback* sobre sua performance no trabalho do que os homens. Portanto, peça *feedback* sistematicamente e encontre estratégias para obter opiniões sinceras de seus liderados. Valorize-as, mesmo se forem negativas, pois *feedback* é presente.

Como conseguir opiniões honestas da sua equipe sobre a sua liderança? Claro que isso depende de uma relação de confiança entre líderes e seguidores. Mas, ainda assim, pode haver o receio de alguma reação ou reprimenda por causa de uma crítica negativa. Uma estratégia simples e interessante para driblar o problema é reunir seus liderados em uma sala e dar a eles um tempo para que discutam impressões sobre a sua liderança, pontos positivos, negativos, sugestões. O grupo deverá escolher um relator e um porta-voz. O relator deverá anotar tudo que for considerado opinião da maioria. Por fim, o líder entrará na sala em que o grupo se encontra, e o porta-voz deverá comunicar os pontos que apareceram como recorrência no grupo, que deverão resumir itens importantes para o coletivo. Isso evita opiniões isoladas que não encontram eco na equipe e reduz o risco de exposição individual por expressar críticas ao gestor.

Duda Kertész utilizou a estratégia das cartas para ouvir seus funcionários a respeito de sua liderança. Quando era CEO da Johnson & Johnson Brasil, em uma reunião com mais de 700 funcionários, Duda Kertész solicitou que escrevessem cartas a ela, analisando sua performance como líder. Segundo a executiva, na mensagem deveria constar "o que estava bom, o que estava ruim, o que gostariam que a Duda ou o *board* fizessem e um recado livre". Recebeu mais de 700 cartas, assinadas e anônimas. Leu e guardou todas. Entre os muitos conselhos, críticas e sugestões que recebeu, o que mais a marcou nos relatos foi a importância da liderança da empresa para os funcionários e o valor que deram ao fato de serem ouvidos pela CEO.

Depois de cada reunião grande de que Duda participa, os participantes recebem algumas questões por escrito, como: "Você ouviu tudo que queria?"; "Como você avalia a reunião?"; "A liderança está lhe dando as informações de que você precisa?" etc. Além desse tipo de iniciativa, a Johnson & Johnson tem uma pesquisa anual ampla e formal, chamada Pesquisa do Credo, que mede, sobretudo, se os valores que compõem o credo da empresa estão sendo efetivamente seguidos no dia a dia do trabalho. Todos os mais de 100 mil funcionários no mundo todo respondem. Com esse KPI (*Key Performance Indicator*), as lideranças conseguem acompanhar como estão se saindo todos os níveis gerenciais da empresa nesse campo.

Quando estava à frente da Johnson & Johnson no Brasil, Kertész também costumava fazer café da manhã a cada dois ou três meses com funcionários que se inscreviam para comparecer (na sede em São Paulo e nas regionais). Na ocasião, eles podiam conversar com a CEO, fazer perguntas e dar sugestões sobre qualquer assunto da empresa.

Para Duda, esses canais de *feedback* mantêm a liga da presidência com a realidade da empresa: "É um risco enorme... A gente fica aqui achando que sabe o que está acontecendo, mas você não tem ideia, né? Todos esses mecanismos dão um pouco dessa vida, do pulso da organização". Como CEO da Latam, Claudia Sender também realizava cafés da manhã com diversas categorias (pilotos, comissários, atendentes de solo etc.), porque, para ela, isso permite conhecer melhor seus colaboradores e manter contato próximo e sistemático com o ponto de vista dos funcionários de vários níveis hierárquicos sobre as condições de trabalho, as lideranças, os clientes, a empresa.

Quando foi promovida para o cargo de vice-presidente de marketing, com aproximadamente 35 anos, Claudia Sender sentiu que sua performance como líder não estava atendendo às expectativas da equipe. Então, contratou uma *coach* profissional para ajudá-la nessa mediação da comunicação com os liderados, e precisou lidar com *feedbacks* bastante difíceis de receber. Ela conta como lidou com a situação:

> A equipe começou a ficar disfuncional. Eu sentia que a dinâmica da equipe comigo não estava legal e que era um clima pesado. Aí eu pedi ajuda para um *coach* externo. Eu contratei uma pessoa e falei: "Vem cá e me ajude a fazer uma facilitação de discussão com a minha equipe, porque eu acho que não está sendo efetiva". E aí eu acho que foi o meu primeiro momento de real humildade de falar: "Eu não estou fazendo bem o meu papel, não está funcionando". O negócio estava indo bem, a gente estava batendo todas as nossas metas, mas a dinâmica de trabalho... Eu não estava feliz e tinha certeza de que a minha equipe também não estava. E aí eu chamei essa pessoa, uma *coach* profissional, que entrevistou todos os meus *reports* diretos, todos os meus pares e o meu gestor. Eu lembro que, na época, na hora que ela me deu o relatório final, trazia uma análise das entrevistas e trazia frases, e eu acho que foi a pior coisa que eu já li sobre mim. Ela perguntava para o entrevistado: "Se você tivesse uma varinha de condão, o que você mudaria?". E uma pessoa respondeu: "Eu faria a Claudia desaparecer". Eu devia estar muito mal naquela época. É duro, mas era o que a pessoa estava sentindo, e graças a Deus eu não sei quem ela era [risos]. Fiquei muito chateada naquela hora, mas não chateada com eles. Me caiu uma ficha desse tamanho, de entender e perceber mesmo que eu não estava sendo uma boa líder, porque algumas pessoas admiravam uma ou outra característica, outras conseguiam ter um diálogo melhor comigo, mas o líder, e aí é o que eu acredito, você não pode ser líder para um, você tem que ser líder de toda a sua população. Você não pode só falar bem com as mulheres ou com homens ou com as minorias ou com as maiorias do grupo. Você tem que conseguir fazer com que as diferenças se complementem e saia o melhor de tudo isso.

Uma ou duas vezes por ano, Sender faz reuniões com a equipe para melhorar a dinâmica entre eles. Nessas ocasiões, pede *feedback* direto aos liderados, olho no olho. Consegue deixá-los à vontade para criticá-la. E também fornece *feedback* individual a cada um deles.

Leila Velez também procura ouvir a equipe sobre sua liderança. A CEO ouve e dá *feedback* sempre, de forma estruturada. Nas reuniões com diretores, costuma apontar as questões que acredita que eles podem repensar. E há o momento em que eles dão retorno para ela como líder. Sobre esse *feedback* de mão dupla, Leila afirma: "Isso pra mim é ouro! É muito, muito importante".

Uma dica: o chefe *marshmallow*, que só fala o que você está fazendo de bom, não a está ajudando. Se você só ouve comentários positivos a seu respeito por parte do seu superior, mas nunca é promovida, desconfie de que falta algo nesse *feedback*. E busque críticas mais completas e honestas sobre sua performance profissional, que ajudem você a evoluir – ainda que venham de outros parceiros de trabalho.

Na visão de Gottman, pesquisador de Harvard especialista em relacionamentos, para construir relações de influência e confiança é importante lembrar-se de fazer constantemente o que ele chama de *good will deposits*, que são comentários positivos sobre o outro. Se você realça o que determinada pessoa faz de relevante no trabalho, elogia conquistas e qualidades, traz *feedbacks* agradáveis de ouvir, estará contribuindo para a construção de uma relação de influência e confiança. Assim, quando precisar falar algo mais duro, ela estará mais aberta a ouvi-la ou disposta a ajudá-la quando você precisar. Obviamente, a sugestão não é para falar inverdades, mas simplesmente estar mais atento ao outro e expressar com mais frequência o que você pensa de bom sobre ele como pessoa ou como profissional. Em suma, mostrar que você o enxerga, considera e valoriza. Os *good will deposits* precisam ser sinceros. Honestidade é valor central de vida e competência fundamental de liderança.

7. Machismo *versus* competências comunicativas

Como vimos, no âmbito da comunicação interpessoal, as mulheres enfrentam desafios extras em razão do gênero. Além de agressões explícitas – como, por exemplo, o assédio sexual –, vivenciamos situações de violência velada, ligadas a um machismo sutil por parte dos homens. Precisamos estar atentas, aprendendo a detectar e a lidar com elas. Vou enumerar algumas dessas situações, buscando apontar estratégias para superá-las.

1. **Manterrupting**: a palavra é uma junção dos temos *man* (homem) e *interrupting* (interrompendo). Refere-se ao comportamento masculino de interromper mulheres no meio de suas falas. Pesquisas mostram que as mulheres são muito mais interrompidas do que os homens. A ministra Cármen Lúcia, enquanto era presidente do Supremo Tribunal Federal (STF), manifestou-se a respeito do tema:

   > Foi feita agora uma pesquisa, já dei ciência à ministra Rosa [Weber], em todos os tribunais constitucionais onde há mulheres, o número de vezes em que as mulheres são aparteadas é 18 vezes maior do que entre os ministros... E a ministra Sotomayor [da Suprema Corte americana] me perguntou: "Como é lá?". Lá, em geral, eu e a ministra Rosa, não nos deixam falar, então nós não somos interrompidas.

A ministra Cármen Lúcia se refere a uma pesquisa chamada *Justice, interrupted: the effect of gender, ideology and seniority at Supreme Court oral arguments* ("Justiça, interrompida: efeitos de gênero, ideologia e senioridade nas sustentações orais na Suprema Corte", em tradução livre), realizada por Tonja Jacobi e Dylan Schweers, da Northwestern University Pritzker School of Law (EUA)[97]. O estudo revela que, desde a década de 1970, as mulheres que fazem parte da Suprema Corte americana são interrompidas muito mais vezes durante suas sustentações orais nos tribunais do que os homens (sejam colegas da Suprema Corte ou advogados).

A pesquisa mostra que, em 1990, quando havia apenas uma mulher na Suprema Corte dos Estados Unidos, 35% das interrupções foram direcionadas a ela. Uma década depois, em 2002, havia duas mulheres presentes entre os magistrados: 45% das interrupções foram direcionadas a elas. Em 2015, com três mulheres entre os nove membros da Suprema Corte, 65% das interrupções foram dirigidas a elas. Em diversas situações, a ministra Cármen Lúcia explicita a discriminação que sofre na corte por ser mulher. Durante o julgamento da constitucionalidade da Lei Maria da Penha, ela afirmou:

---

[97] https://ostromworkshop.indiana.edu/pdf/seriespapers/2017spr-colloq/jacobi-paper-rev.pdf

> Alguém acha que uma ministra deste tribunal não sofre preconceito? Mentira, sofre. Não sofre igual – outras sofrem mais que eu, mas sofrem. Há os que acham que não é lugar de mulher, como uma vez me disse uma determinada pessoa, sem saber que eu era uma dessas: "Mas, também, agora tem até mulher. Imagina..."

Há mulheres que optam por não parar de falar quando são interrompidas. Outras procuram frisar que estão sendo interrompidas, até que o outro se cale. Tenho uma dica para situações em que haja mais de uma mulher na interação: se você presenciar um *manterrupting*, diga que gostaria de terminar de ouvir o raciocínio da outra mulher, que foi interrompido.

2. **Mansplaining**: a palavra é uma junção dos temos *man* (homem) e *explaining* (explicando). Indica situações em que um homem busca explicar algo óbvio a uma mulher, de forma didática, menosprezando sua capacidade de entendimento, como se ela fosse menos inteligente que ele. Ou seja, ele a trata como se ela soubesse menos do que ele sobre o tema em questão, quando isso não é verdade. Trata-se de mais uma manifestação da cultura machista. A intenção do *mansplaining* é inferiorizar a mulher, tirar dela a confiança e a autoridade para falar sobre determinado assunto. Em um ambiente de trabalho, como alguém que sofre esse tipo de discriminação de gênero durante uma interação deve reagir? Obviamente, não há uma receita única, porque as situações e pessoas envolvidas são diversas. O mais importante é não perder de vista que o *objetivo* da sua reação é evitar que esse tipo de situação se repita, ampliando o respeito do outro por você [e pelas mulheres em geral]. É preciso focar o objetivo a ser atingido, deixando a razão prevalecer na escolha da melhor estratégia de comunicação.

Quando sente que está sendo menosprezada por ser mulher, Luiza Trajano costuma colocar as cartas na mesa de forma bastante objetiva, normalmente desconcertando o interlocutor: "Você está falando assim comigo porque sou mulher?". Com isso, ela desnuda o mecanismo cultural mais amplo do machismo, contextualizando a fala do interlocutor e tirando o foco da pessoa dela, Luiza. Vejamos o trecho da entrevista a respeito do tema:

> **Luiza Trajano:** Não me sinto perseguida e tenho uma autoestima boa. Não fico nos bastidores me lamentando. Eu me posiciono cada vez de um jeito. Eu me posiciono muito firmemente ou muito estrategicamente, para que eu não me sinta muito tempo assim.
> **Lucelena Ferreira:** Ou seja, você nunca assumiu esse olhar de inferioridade sobre a mulher. Batia e voltava.
> **Luiza Trajano:** Batia e nem voltava. Batia e eu falava: "Não, eu tenho que me posicionar para não deixar isso acontecer". Então, assim, eu me posiciono há muitos anos e eu me posiciono muito firme, até de falar: "Olha, você está me tratando assim porque eu sou mulher?". Quer dizer, você desmonta uma vez só. Até de deixar claro ou de dizer: "Não estou entendendo o que você está fazendo". E, normalmente, as pessoas, quando você confronta de uma forma que você quer negar, elas se desmontam um pouco, né?

Costumo adotar uma linha parecida com a de Luiza, de explicitar o que está ocorrendo. Em alguns contextos, prefiro deixar claro (de forma bem-humorada ou não) que está ocorrendo uma tentativa de *mansplaining*, e explicar ao outro o que esse termo significa. Sei que não é um espelho muito agradável para se olhar, o que ofereço ao interlocutor. Mas não abro mão de me posicionar em situações de desrespeito e discriminação, porque acredito que assim poderemos alterar comportamentos. E verifico isso na prática – nem sempre, é verdade, mas algumas vezes. Já é um avanço. Também por isso, leciono e escrevo sobre o assunto. A respeito do tema, compartilho a opinião de Sandberg:

> Precisamos alterar o *status quo*. Ficar quieta e se encaixar talvez tenha sido o único caminho possível para as primeiras gerações femininas que ingressaram no mundo dos negócios; em alguns casos, ainda podia ser o caminho mais seguro. Mas essa estratégia não está valendo a pena para as mulheres como grupo. Em vez disso, precisamos nos manifestar, identificar as barreiras que estão tolhendo as mulheres e encontrar soluções.

> [...] Eliminar a discussão é prejudicial e impede o avanço. Precisamos falar, ouvir, debater, refutar, ensinar, aprender e evoluir. E, visto que a maioria dos gerentes e administradores é formada por homens, precisamos que eles se sintam à vontade para tratar dessas questões diretamente com suas funcionárias. (SANDBERG, 2013, p. 182)

Além do *manterrupting* e do *mansplaining*, mulheres têm que lidar frequentemente com outros comportamentos e comentários machistas no trabalho, que as ofendem ou buscam diminuí-las. Por exemplo, há homens que só levantam a voz quando falam com subordinadas mulheres. Aprendi com Denise Rabius uma ferramenta de resiliência que nos ajuda a reagir diante de comportamentos machistas no ambiente de trabalho: **procure não levar no pessoal**. Não pense que o interlocutor a considera inferior – a você, especificamente (às vezes é até o contrário). Enxergue a situação de fora, procure perceber que esse é o *default* da cultura machista, que reforça a superioridade masculina. Isso permitirá uma reação menos emocional, impedindo o efeito normalmente pretendido pelo interlocutor, que é silenciar e trazer insegurança à mulher. Certa vez, um ex-chefe meu me disse: "Sabe que você é mais inteligente do que parece?". Um suposto elogio, que traz em seu bojo a inferiorização. Claro que, na hora, traz certa indignação ser tratada dessa maneira (e ele deve ter percebido pela minha expressão de desaprovação). Mas, ao não levar para o pessoal, consegui ver com mais clareza quanto é boba essa necessidade de demonstrar uma pretensa superioridade intelectual. Bandeira de insegurança. Quem precisa diminuir o outro para se sentir melhor explicita a sua fragilidade, não é mesmo?

Uma das formas de tentar diminuir o interlocutor e reafirmar o seu poder é a agressividade. Quem nunca lidou com um chefe grosseiro, que altera o tom de voz? Constantemente, meus alunos de MBA relatam situações desse tipo e me perguntam como agir. Uma amiga executiva passou por isso e reagiu com grande inteligência emocional. Ao assumir o cargo de diretora, logo em um dos primeiros contatos com o presidente por telefone, foi destratada aos gritos. Foi para casa chocada, sem saber exatamente como reagir. A situação logo se repetiu, e ela percebeu que era um padrão de comportamento dele. O que fazer? Obviamente, ela não estava disposta a se submeter a esse tipo de tratamento. Quando a agressividade se fez presente mais uma vez, a diretora, em resumo, disse ao chefe – mantendo seu habitual tom de voz doce – que se preocupava com ele, pois estava percebendo um nervosismo fora do normal, que não faz bem à saúde. Disse que estava à disposição para conversar e ajudar no que fosse possível.

A partir daí, o presidente demonstrou enorme consideração por ela, a relação entre eles se estreitou e o tratamento desrespeitoso nunca mais se repetiu. Percebam que a executiva não se deixou levar pelas emoções ruins que uma situação dessas pode causar. Teve uma reação pensada e racional, e não perdeu de vista seu objetivo com a comunicação, que era melhorar a relação com o presidente. O que ela mostrou ao chefe grosseiro com a sua fala? Que o via como ser humano, que percebia algum sofrimento nele, que estava disponível para ajudar. A base de sua estratégia é simples e eficaz: empatia.

Como se sabe, mesmo grandes executivas passam por situações em que a desvalorização da mulher como profissional se evidencia de várias formas. Claudia Sender conta como reagiu em uma ocasião desse tipo:

> Teve uma história interessantíssima que aconteceu em Brasília, sede do poder do nosso país, quando eu fui junto com o Bologna, que era o presidente da TAM. Eu ainda era vice-presidente de Vendas e Marketing. Fui junto com ele para uma reunião onde a gente teve encontro com o governador, e só os presidentes sentaram na primeira fila. Eu sentei na segunda fila. O Bologna tinha um compromisso depois e teve que sair mais cedo. Logo depois que ele saiu, me pediram para sentar no lugar dele, então, eu fui lá na frente e sentei ali. Na hora que acabou o evento e eu estava saindo, alguém – não sei se era um jornalista, não sei quem era – se aproximou e falou assim: "A senhora é secretária do presidente da TAM?". Aí eu falei: "Não". Aí ele falou: "Ah, poxa, precisava tanto de uma declaração da TAM, do presidente da TAM". Eu falei: "Então, ele já foi embora". E aí eu liguei para ele e falei assim: "Olha, Bologna, com certeza vão dizer que você trouxe a sua namorada para o evento, porque aqui em Brasília, se eu não sou a sua secretária, mas eu estava com você, a gente tem outro

tipo de relação". Interessante é que ninguém podia pensar que eu era vice-presidente da companhia. A minha resposta foi simplesmente esperar para ver se ele poderia em algum momento reconhecer que eu era uma colaboradora relevante dentro do grupo. Então, a minha resposta à pergunta "Você é secretária?" foi: "Não". "Ele trouxe um secretário?" "Não sei". Então, essa pessoa ficou sem o depoimento.

Para conviver com seus pares em um meio predominantemente masculino, que é o setor bancário, Sylvia Coutinho adota uma abordagem com viés antropológico muito interessante e inteligente. Ela conta que uma das coisas mais importantes para a sua trajetória como líder foi a experiência de trabalho que teve em vários países, aprimorando o conhecimento de várias culturas diferentes. Atuou nos Estados Unidos, Japão, Turquia, Chile, Colômbia etc. A cada novo lugar, ela precisava se adaptar culturalmente: conhecer e se adequar a uma nova língua, novos valores, significados, comportamentos. Era necessário decifrar os códigos daquela cultura e do novo grupo e adaptar-se a eles, mas sem perder a essência. Para ela, trabalhar em um grupo predominantemente masculino é como trabalhar com estrangeiros: exige conhecimento e adaptação a uma cultura diferente. O processo é similar ao que enfrentou ao trabalhar com estrangeiros em outros países: adaptar-se ao meio, mas sem perder a autenticidade.

Quando Sylvia veio para o Brasil para trabalhar no *board* de um grande banco, este contava com 30 mil funcionários no país, mas nunca tinha tido uma mulher em seu quadro de executivos. Como ela ficou sabendo depois, houve uma certa tensão por parte dos colegas de trabalho com a chegada de uma mulher na chefia. Ela conta que se tornou logo a confidente de metade do grupo. Quando os colegas começavam a "falar besteira", ela não ligava, não se sentia indignada. Ao contrário, falava alguma besteira também, deixando-os sem graça. Sylvia é brincalhona, fala uns palavrões, e acabava criando um clima que fazia com que os colegas relaxassem. Eles mesmos disseram, na época, que acharam impressionante como, depois de três ou quatro meses, ela já estava integrada, já era parte do grupo.

Sylvia não tomava os comentários machistas dos colegas como algo pessoal, portanto, não se ofendia. Ela não bateu de frente com a cultura masculina que já havia no local. Nas palavras dela: "Para você se integrar, no fundo, é uma adaptação cultural, uma mulher num meio só de homens". A estratégia foi buscar pertencer ao grupo, tornar-se *"one of the guys"* e fazer com que os homens se sentissem à vontade em sua frente. Hoje, como CEO da UBC, a executiva conta que metade do seu comitê executivo é do sexo feminino. Não foi uma meta. Ela simplesmente foi escolhendo as pessoas pelas suas qualidades, sem nenhum preconceito de gênero.

Quando não há vieses inconscientes que prejudiquem as mulheres nos processos seletivos, otimiza-se o aproveitamento dos melhores talentos da empresa, independentemente do gênero. Não é à toa que *boards* com diversidade de gênero estão associados a melhores resultados financeiros, como atestam tantas pesquisas recentes (que abordarei no próximo capítulo).

3. **Bropriating**: o termo é uma junção de *bro* (que vem de *brother*, irmão) e *appropriating* (apropriando-se). Indica situações em que um homem se apropria das ideias de uma mulher e leva o crédito por elas. Nas universidades, nas artes, nas empresas, todos nós conhecemos inúmeros casos de homens que "roubam" ideias de mulheres e ficam com os louros. Uma das estratégias indicadas por Jessica Bennett no seu livro *Feminist Fight Club: a survival manual for a sexist workplace* para driblar essa situação é a ajuda mútua entre mulheres, reforçando a voz de cada uma delas. Por exemplo, quando alguma colega dá uma boa ideia em uma reunião, frise que o que foi dito tem qualidade: "Achei essa sua proposta muito interessante, pelos seguintes motivos..." Assim, reforça-se, ao mesmo tempo, autoria e competência.

Apesar de a cultura machista estimular a competição entre mulheres, a luta contra a discriminação de gênero passa pela ajuda mútua. Em

2004, quatro funcionárias do Merrill Lynch decidiram se tornar aliadas no trabalho. Almoçavam juntas uma vez por mês, contavam suas conquistas e metas profissionais, falavam sobre problemas e frustrações no trabalho, sobre negócios. Na empresa, uma se tornou "patrocinadora" da outra, elogiando e fazendo eco às conquistas das colegas. Todas subiram na carreira, chegando a cargos de gerência administrativa e executiva.

Esse tipo de aliança entre mulheres é eficaz no combate às práticas machistas em ambientes organizacionais. Uma pesquisa publicada em 2019 pela *Harvard Business Review*[98] concluiu que é fundamental, para mulheres, ter como parte de seu *network* um círculo íntimo de profissionais do sexo feminino para apoio mútuo contra a discriminação de gênero no mercado de trabalho. Mulheres passam por situações similares nesse campo e devem desenvolver grupos de confiança para trocar experiências e visões sobre o machismo no meio corporativo e sobre estratégias de superação. O estudo considera que o esforço coletivo é uma forma poderosa de superar práticas sexistas no ambiente de trabalho. Mulheres que atuam conjuntamente têm maior probabilidade de ganhar salários mais altos e chegar a cargos executivos. Trata-se da "Teoria do Brilho" (Shine Theory). O termo foi cunhado pela jornalista norte-americana Ann Friedman, que afirma: "A ideia é apoiar e exaltar o sucesso das colegas para que todas consigam brilhar juntas"[99]. Colaboração, empatia, sororidade: mulheres que apoiam outras mulheres têm mais chances de sucesso na carreira. Ou seja, você brilhará mais se ajudar as mulheres à sua volta a brilhar também. Nesse campo, a união faz a força.

4. **Mão levantada**: em uma cultura machista, normalmente se dá a palavra aos homens antes. Além disso, os homens levantam mais a mão do que as mulheres. Portanto, temos que aprender a continuar com a mão levantada ou encontrar outras estratégias que nos garantam espaço de fala. Fiz uma breve experiência

---

98 https://hbr.org/2019/11/the-secrets-of-successful-female-networkers
99 https://revistamarieclaire.globo.com/Comportamento/noticia/2017/03/shine-theory-executivas-se-juntam-nas-empresas-e-redes-sociais-contra-o-machismo-e-invisibilidade-feminina.html

sobre o tema, quando uma das universidades onde trabalhei foi vendida, e tivemos a primeira reunião dos professores com a nova direção. Após a apresentação dos novos gestores, a palavra foi dada aos docentes para que tirassem dúvidas sobre as novas diretrizes. Só homens levantaram a mão, embora houvesse número semelhante de homens e mulheres no auditório. Notei outra recorrência: cada um que recebia a palavra usava-a para longos discursos de autopromoção, às vezes emendando com alguma pergunta, às vezes nem isso. Após uma dezena de pares do sexo masculino se manifestar, fui a primeira mulher a levantar a mão. Disse minha área de atuação e fiz uma pergunta sobre a nova gestão, que foi respondida por um dos diretores. Depois de mim, sete mulheres levantaram a mão em sequência. Sete. Na semana seguinte, adivinhe: meu coordenador veio criticar a minha pergunta numa conversa privada. Eu disse a ele que o novo diretor me chamou depois da reunião coletiva, elogiou minha intervenção e disse que ficou interessado em saber mais sobre o meu trabalho. Conhecer o labirinto de cristal e seus mecanismos de opressão nos reforça imensamente, protege nossa autoconfiança e nos deixa mais preparadas para lidar com situações em que tentam nos fragilizar ou diminuir. Em 2017, Sheryl Sandberg, COO do Facebook, foi eleita a quarta mulher mais poderosa do mundo pela revista *Forbes*. Mesmo ela, com sua impressionante trajetória de sucesso profissional, ainda enfrenta discriminação de gênero no trabalho:

> Às vezes ainda há situações em que falam mais alto e não me ouvem, enquanto respeitam os homens sentados a meu lado. Mas agora sei respirar fundo e continuar com a mão levantada. Aprendi a tomar meu lugar à mesa. (SANDBERG, 2013, p. 56)

As executivas que entrevistei têm, em comum, uma postura segura e ousada na comunicação. Sylvia Coutinho sempre considerou essencial falar o que pensa, acreditando que o que tem a dizer é relevante. E a CEO busca em sua equipe esse mesmo comportamento: "Pessoas que tenham opinião, que levantem a mão e digam o que pensam". Ela sempre foi elogiada por seus pares por ter coragem de confrontar, de falar o que pensa, mesmo para seus chefes.

Paula Bellizia se considera "zero tímida" e autêntica ao se expressar. Não fica calada na mesa de reunião e costuma se posicionar com firmeza. Se tem um espaço para falar, ocupa o espaço inteiro. Sonia Hess se define como "entrona", no sentido de ter coragem de dizer o que pensa e de não ter receio de buscar o que deseja profissionalmente. Hess acredita que essa é uma competência determinante para o seu sucesso profissional.

Como vimos anteriormente, no campo da comunicação também operam os duplos padrões de julgamento: se um homem adota um tom mais enfático e agressivo em sua fala, por exemplo, ele pode ser visto como assertivo, seguro de si; se uma mulher faz o mesmo, há grande chance de ser vista como nervosa, descompensada (não se esqueça de que somos criadas para sermos delicadas, gentis, suaves). Mais um motivo para as mulheres dedicarem especial atenção à sua forma de se comunicar no ambiente de trabalho. As expectativas desiguais entre homens e mulheres muitas vezes nos prejudicam no campo profissional. Espera-se que a mulher pense nos outros e queira ajudar os colegas. Ser uma mulher ambiciosa profissionalmente tem uma conotação diferente de ser um homem ambicioso nessa área. Sobre essa questão, Sandberg afirma:

> Devido a essas expectativas desiguais, as mulheres se veem na típica situação do "se correr, o bicho pega; se ficar, o bicho come". Isso se verifica principalmente em negociações sobre remuneração, benefícios, ações e outros mimos. De modo geral, os homens negociam mais do que as mulheres. [...] As pessoas esperam que os homens defendam seus próprios interesses, mostrem suas contribuições e sejam reconhecidos e recompensados por elas. Para os homens, realmente não há problema nenhum em pedir mais. Mas, como se espera das mulheres que elas se preocupem com os outros, quando defendem seus interesses ou apontam seu próprio valor, homens e mulheres têm uma reação desfavorável. Uma coisa interessante é que as mulheres sabem negociar tão bem ou ainda melhor do que os homens quando é para os outros (para sua empresa ou um

colega), pois nesses casos a defesa delas não parece interesseira. No entanto, quando negocia em favor próprio, ela transgride a norma tácita dos sexos. (SANDBERG, 2013, p. 54-65)

Hannah Riley Bowles, professora de gênero e negociação em Harvard, traz algumas lições para ampliar nossas chances de sucesso em negociação salarial:

> Primeiro, as mulheres precisam passar como pessoas agradáveis, preocupadas com os outros e "devidamente" femininas. Quando adotam uma abordagem mais instrumental ("É isso o que quero e mereço"), a reação dos outros é muito mais negativa. [...] Tenho aconselhado muitas mulheres a abrirem suas negociações explicando que sabem que as mulheres costumam receber menos do que os homens, e por isso vão negociar em vez de aceitar a proposta inicial. Com isso, elas já se colocam vinculadas a um grupo e não apenas em posição individual; de fato, estão negociando por todas as mulheres. E por mais bobo que pareça, os pronomes são importantes. Sempre que possível, as mulheres devem trocar o "eu" por "nós" e conjugar o verbo no plural. A reivindicação de uma mulher terá acolhida melhor se ela disser "Tivemos um ano ótimo", em vez de "Tive um ano ótimo". Mas só a abordagem coletiva não basta. Segundo a professora Bowles, a segunda coisa que as mulheres devem fazer é apresentar uma explicação legítima para a negociação. Os homens não precisam legitimar suas negociações; já se espera deles que batalhem. As mulheres, porém, precisam justificar suas reivindicações. Uma maneira é sugerir que foi por incentivo de alguém de um nível mais alto ("Meu gerente sugeriu que eu viesse conversar sobre minha remuneração") ou citar os padrões vigentes no setor ("Pelo que entendo, os serviços que envolvem este nível de responsabilidade são remunerados na faixa tal"). Mesmo assim, cada negociação é única, e as mulheres devem adaptar sua abordagem de acordo com a situação. Dizer ao atual empregador que outra empresa fez uma proposta é uma tática habitual, porém funciona mais para os homens do que para as mulheres. Admite-se que os homens estejam concentrados em suas próprias realizações, mas das mulheres espera-se lealdade. (*apud* SANDBERG, 2013)

Um aspecto importante relacionado à comunicação é aprender a discordar, mantendo sua influência sobre o outro. A pesquisadora

Denise Rabius, da Universidade de Stanford, ensina que podemos gerar três tipos de reação quando discordamos de alguém:

- *turning forward* – fazer com que o outro se aproxime de você, sinta-se ouvido e respeitado em sua opinião e se interesse pela troca de ideias;
- *turning away* – fazer com que o outro perca o interesse pelo debate e vá embora;
- *turning against* – fazer com que o outro se sinta agredido, volte-se contra você e bata de frente com você.

É importante termos em mente que, mesmo discordando em uma conversa, podemos gerar a postura *turning forward* no interlocutor. Para isso, o mais importante não é *o que* você diz (conteúdo), mas *como* diz (forma). Procure sempre usar os chamados *soft starts* (inícios suaves) para expressar uma discordância, como, por exemplo: "Eu concordo quando você diz que os valores são importantes, mas tenho visto organizações em que eles não saem do papel para a prática do dia a dia" (frisar pontos de concordância antes de discordar); "Gostaria de desenvolver em cima do que você falou" (mostrar consideração pela fala do outro, em uma postura de somar, pensar junto). Por outro lado, vejamos exemplos de *hard start* (inícios duros), que contribuem para gerar barreiras e reações negativas no interlocutor e, portanto, reduzem a influência da sua fala sobre ele: "O que você disse está errado"; "Não concordo com nada do que você falou"; "Seu argumento não tem lógica".

Como reagir quando a discordância acontece durante um *feedback* recebido, ou seja, quando o chefe lhe faz uma crítica com a qual você não concorda? Receber *feedback* é receber um presente, pois, entre outras coisas, permite conhecer a opinião do outro sobre você (que percepção estou gerando?), além de perceber pontos em que você ainda precisa evoluir (que talvez sozinha você não notasse). Também pode ser uma boa oportunidade para pedir dicas e orientações. Mas quando você não concorda com a crítica feita, é essencial guiar a percepção do chefe sobre você como profissional (para mulheres, isso é especialmente importante, já que saímos em desvantagem só por causa do gênero). Claro que o tom da conversa vai depender do tipo de relação e da proximidade entre as pessoas envolvidas, mas o importante é mostrar abertura e boa receptividade à crítica, frisar pontos com os quais concorda (se for o caso, claro, demonstrando interesse em aprimorar-se) e, depois, apresentar outra visão sobre os pontos dos quais discorda (buscando construir novo sentido para os mesmos fatos). Exemplo: "Agradeço pelo *feedback*. Acho que você tem razão em relação aos pontos X e Y, mas percebo de forma diferente a questão Z..."

Quando a fala ou atitude de alguém desagradar, chatear ou ofender você, e você decidir conversar com a pessoa a respeito, procure não acusar, julgar ou adjetivar o outro. Para ampliar a eficiência da comunicação, reduzindo barreiras defensivas do interlocutor à sua mensagem, você pode utilizar o que chamo de **estratégia da mudança de foco**: fale sobre determinado comportamento do outro e/ou sobre os seus sentimentos, ou seja, sobre o que aquela fala/atitude do outro gerou em você. Em vez de colocar o foco do seu discurso na pessoa do interlocutor, classificando-o com adjetivos negativos ou generalizações equivocadas ("Você é uma pessoa egoísta"), traga o foco para você, para os seus sentimentos ("Eu me senti desconsiderada nesta situação"). Como ensina Sheryl Sandberg:

> Sempre é mais construtivo apresentar a própria opinião usando a primeira pessoa, "eu". Comparem-se estas duas frases: "Você nunca leva minhas sugestões a sério" e "Sinto-me frustrada [*sentimento*] porque você não respondeu a meus quatro últimos e-mails [*comportamento*], o que me leva a crer que minhas sugestões não são importantes para você. É isso?". A primeira pode despertar uma reação rápida e defensiva do tipo "Não é verdade!". A segunda é muito mais difícil de negar. Uma desencadeia uma divergência; a outra acende uma discussão. Gostaria de conseguir manter sempre essa perspectiva em todas as minhas comunicações. Não consigo – mas continuo tentando. (SANDBERG, 2013, p. 103)

Eu também, Sheryl (risos)! Denise Rabius tem uma dica: quando a postura de alguém em relação a você incomodar uma vez, deixe estar, não fale nada, porque a pessoa "pode estar com azia naquele dia". Se acontecer mais vezes, aí é diferente. Vale conversar, mas sempre buscando o *turning forward*, a troca de ideias.

As estratégias mencionadas (trazer o foco para você, e não concentrar a crítica na pessoa do outro, mas sim em determinado comportamento dele) são úteis na hora de dar qualquer tipo de *feedback* negativo no campo profissional. Esse caminho de comunicação, além de ser menos ofensivo, proporciona ao interlocutor mais oportunidade de perceber quais são os comportamentos específicos que estão incomodando ou deixando a desejar, e onde ele precisa evoluir.

CAPÍTULO 5

POLÍTICAS E AÇÕES CORPORATIVAS PARA IGUALDADE DE GÊNERO: DERRUBANDO BARREIRAS

1. Diversidade como vantagem competitiva

No século XXI, a responsabilidade social corporativa vem sendo cada vez mais valorizada pelos *stakeholders*. Em uma sociedade que espera isso das empresas, gera ganho de imagem, contribui para a conquista de novos clientes, fidelização dos antigos, atração de bons profissionais, motivação dos funcionários etc. Nesse contexto, muitas empresas estão empenhadas em construir uma cultura organizacional que tenha a ética como base. Observa-se um investimento crescente em ações e políticas internas contra qualquer tipo de preconceito e discriminação e para promoção da diversidade. Segundo pesquisa da *Forbes*[100], grandes empresas hoje veem a diversidade e a inclusão como

---

[100] "Global diversity and inclusion fostering innovation through a diverse workforce". Disponível em: https://www.forbes.com/forbesinsights/innovation_diversity/

diferencial competitivo. O estudo reforça que uma força de trabalho diversificada e inclusiva potencializa a inovação e atração de grandes talentos e constitui-se em uma chave para o sucesso. Na Microsoft, Paula Bellizia afirma que, mais do que militância por uma causa, promover a diversidade na sua empresa gera vantagem competitiva:

> Para algumas áreas técnicas aqui [eu ouço]: "Paula, a gente não contrata mulher porque não tem". Tem. Vai demorar mais tempo para você achar, mas tem. Então vai buscar. Porque essa mulher pode não estar escolhendo a Microsoft para trabalhar, ela pode estar escolhendo outro lugar, e eu quero que ela escolha a Microsoft, porque isso para mim é diferencial competitivo. É uma causa também, mas é *business*. Eu quero a representação da sociedade aqui, eu quero que na minha mesa de decisões a gente tenha representação das mulheres, da visão das classes sociais... É assim que a gente vai ser melhor que meu concorrente. Não vai ser uma mesa uniforme, unânime, porque unanimidade traz mediocridade.

Para Lígia Paula Sica, pesquisadora da Fundação Getúlio Vargas (FGV), "A presença das mulheres, ao gerar diversidade, melhora o processo de resoluções". Em ambientes onde a diversidade é estimulada, as reflexões se tornam potencialmente mais ricas, por contarem com pontos de vista diferentes, e as decisões são aprimoradas. Na área de tecnologia, ainda vista como masculina, grandes empresas, como Twitter, Google e Apple, contam com aproximadamente 30% de funcionárias mulheres. Segundo o relatório *"Gender diversity in Silicon Valley"*[101] ("Diversidade de gênero no Vale do Silício"), *as mulheres ocupam apenas 11% dos cargos de diretoria.*

Que empresa não gostaria de conseguir detectar e maximizar o aproveitamento de todos os seus maiores talentos, independentemente de gênero ou etnia? Não lhe parece óbvio que as organizações que se empenham nessa direção potencializam sua performance? Diversos estudos recentes atestam que corporações que valorizam e buscam a diversidade em sua força de trabalho – sobretudo na alta liderança – apresentam melhores resultados financeiros. Um amplo estudo do *Peterson Institute*

---

[101] **Gender diversity in Silicon Valley**. Disponível em: https://tgsus.com/blog/diversity/sv-150-gender-diversity-update-silicon-valley-150/

for International Economics[102], publicado em 2016, pesquisou o impacto da diversidade de gênero na rentabilidade das companhias. Após analisarem mais de 20 mil empresas em 91 países, os autores concluíram que a presença de mais mulheres em posições executivas está correlacionada com o aumento da lucratividade das organizações. Os autores acreditam que essa performance pode ser resultado de uma cultura empresarial que enfatiza a não discriminação e/ou pode confirmar o fato de que mulheres líderes ampliam o espectro de habilidades disponíveis na companhia.

A pesquisa constatou que uma presença maior de mulheres no *board* da empresa está relacionada, entre outros fatores, à ausência de atitudes discriminatórias contra mulheres executivas e à possibilidade de licença-paternidade para os homens (com duração mais equilibrada em relação à da licença-maternidade). Esse último aspecto, embora não seja tão discutido no Brasil, considero absolutamente fundamental para a ampliação da igualdade de oportunidades entre os gêneros no mercado de trabalho. A quase exclusividade de licença-maternidade constitui uma das principais barreiras para a ascensão profissional das mulheres no nosso país. Por fim, a pesquisa do *Peterson Institute* sugere que vale a pena, para as organizações, investir em políticas empresariais que visem à ascensão de mais mulheres a cargos de liderança.

Um estudo realizado por Cedric Herring[103], pesquisador da Universidade de Illinois, mostrou que grupos mistos em termos de gênero tendem a gerar maior receita de vendas, mais clientes e mais lucro do que grupos homogêneos. Nesse mesmo estudo, a diversidade racial também foi associada ao aumento de benefícios financeiros para a empresa. Na mesma linha, uma ampla pesquisa publicada pela *Harvard Business Review*[104], que envolveu mais de 40 estudos de caso e ouviu 1.800 profissionais, concluiu que, quando uma equipe de funcionários da empresa tem pelo menos uma pessoa com traços em comum com o usuário final, o time inteiro

---

102 *Is gender diversity profitable? Evidence from a Global Survey.* NOLAND, Marcus; MORAN, Tyler; KOTSCHWAR, Barbara. Disponível em: https://piie.com/publications/working-papers/gender-diversity-profitable-evidence-global-survey.
103 HERRING, Cedric. **Does diversity pay?** Race, Gender and the Business Case for Diversity. **American Sociological Review.** 74, n. 2, 2009. Disponível em: http://journals.sagepub.com/doi/abs/10.1177/000312240907400203.
104 **How diversity can drive innovation.** Disponível em: https://hbr.org/2013/12/how-diversity-can-drive-innovation

consegue entender melhor esse usuário. Quando há algum membro da equipe com a mesma raça/etnia do cliente, por exemplo, esse grupo tem 152% mais chances de compreender melhor o cliente do que outra equipe sem essa característica. Segundo a pesquisa, a diversidade faz diferença porque traz perspectivas fora da caixa, amplia empatia e possibilidades de compreensão do ponto de vista do cliente. Nesse sentido, após extensa pesquisa interna, a Netflix lançou, em 2018, uma política de diversidade e inclusão, com o objetivo de ampliar a presença de mulheres, latinos e negros em todos os níveis da empresa. Assim, pretende montar equipes mais próximas da heterogeneidade da sua clientela global.

A empresa de consultoria empresarial McKinsey é um caso interessante. A partir de estudos realizados pela própria companhia, que comprovaram a correlação entre diversidade de gênero no comando executivo e maior sucesso financeiro das instituições[105], a McKinsey desenvolveu um programa interno para elevar a participação mundial de mulheres na consultoria para 40% e dobrar seu percentual de sócias. Uma ampla pesquisa que a empresa divulgou em 2018[106], chamada "A diversidade como alavanca de performance", comprova o vínculo entre diversidade – definida como uma maior proporção de mulheres e uma composição étnica e cultural mais variada na liderança de grandes empresas – e performance financeira superior. Nesse estudo, foram examinados a lucratividade e os índices de diversidade de gênero e etnia das lideranças de mais de 1.000 empresas em 12 países, de vários ramos de atuação. Uma das principais conclusões da pesquisa é que existe uma correlação entre diversidade da equipe de liderança e performance financeira. Um dos resultados encontrados foi que as empresas com alto grau de diversidade de gênero (as do quartil superior) em suas equipes executivas – em que a maior parte das decisões estratégicas e operacionais são tomadas – são 21% mais propensas a ter lucratividade acima da média nacional do setor do que as empresas do quartil inferior (aquelas com menor índice de

---

[105] Um desses estudos revelou que empresas com pelo menos uma mulher na primeira linha de comando executivo apresentam um montante de riqueza para o acionista em média 44% maior e margem de lucro 47% superior. Foram estudadas 345 empresas listadas em bolsas de seis países da América Latina, incluindo o Brasil.
[106] https://www.mckinsey.com/business-functions/organization/our-insights/delivering-through-diversity/pt-br

diversidade de gênero no *board*). Quando há também diversidade étnica nas equipes executivas, as empresas do quartil superior têm 33% mais chances de obter performance acima da média. A hipótese do estudo sobre o que provoca essa correlação entre diversidade e lucratividade é que "empresas mais diversificadas conseguem atrair os melhores talentos, aumentam seu foco no cliente, a satisfação dos funcionários e melhoram a tomada de decisões, além de garantir mais facilmente a licença para operar"[107]. Para ampliar o impacto das estratégias de inclusão e diversidade, a McKinsey ressalta, entre outros fatores cruciais, o comprometimento e o exemplo da liderança. Segundo a empresa, é imperativo:

> Articular e disseminar o compromisso do CEO de modo a estimular a organização. Cada vez mais, as empresas reconhecem que o compromisso com a inclusão e a diversidade começa no topo, e muitas delas têm assumido publicamente uma agenda de I&D [Inclusão & Diversidade]. As melhores empresas vão além disso, disseminando este compromisso por toda a organização, particularmente entre a média gerência. Elas incentivam seus negócios principais a assumirem responsabilidade por I&D, estimulam os gestores a servirem de exemplo, exigem que seus executivos e gerentes prestem contas de seus esforços de I&D e asseguram que todas as iniciativas tenham recursos suficientes e sejam apoiadas pela diretoria[108].

De acordo com o estudo "Why Diversity Matters"[109], que a McKinsey publicou em 2015, num cenário em que todos os países alcançassem a equiparação de gêneros, 28 trilhões de dólares seriam adicionados ao PIB global anual até 2025. O relatório *"Women. Fast forward"* ("Mulheres. Avanço rápido", em tradução livre), da consultoria corporativa Ernst Young (EY), também confirma que a igualdade de gênero nas empresas resulta em crescimento nos resultados financeiros das organizações e no PIB dos países.

Em 2020, o banco de investimentos Goldman Sachs anunciou que não fará mais processos de abertura de capital de empresas que não tenham

---

[107] https://www.mckinsey.com/business-functions/organization/our-insights/delivering-through-diversity/pt-br.
[108] Idem.
[109] http://www.mckinsey.com/business-functions/organization/our-insights/why-diversity-matters/pt-br

mulheres no quadro de diretores. O CEO David Solomon justificou a nova regra, afirmando que a performance de empresas com mulheres no *board* foi significativamente melhor nos últimos anos do que a das organizações lideradas apenas por homens. Os números falam por si.

Além das pesquisas que comprovam que investir em equidade de gênero nas empresas traz resultado, a quantidade crescente de empresas que vêm promovendo ações nesse sentido é outro forte indicativo de que essa postura realmente tem gerado retorno. Em 2016, o Instituto Ethos publicou o levantamento "Perfil social, racial e de gênero das 500 maiores empresas do Brasil e suas ações afirmativas"[110]. Além de retratar o público interno dessas grandes corporações, mostrando eventuais desequilíbrios em sua composição social, racial e de gênero, o estudo também apresenta as principais políticas de inclusão empreendidas pelas empresas analisadas, com o objetivo de ampliação da diversidade no seu quadro de funcionários. Na avaliação dos pesquisadores, as políticas e ações desenvolvidas pelas empresas investigadas, embora ainda precisem de maior efetividade, apontam para um quadro mais favorável adiante, e incluem:

> A capacitação de gestores e equipes nos temas da diversidade e da igualdade de oportunidades, além do estabelecimento de missão, código de conduta, compromissos e valores que incorporem os mesmos temas. Ou a manutenção de canais para receber queixas dos funcionários em relação a problemas, como assédio moral e preconceitos; o zelo para que as empresas não utilizem campanhas publicitárias de conteúdo discriminatório. A escolha do universo das 500 maiores empresas não é aleatória. Elas têm um papel de liderança a exercer no mercado de trabalho e suas ações podem servir de exemplo a todo o meio corporativo. Além de cumprir a legislação, como a que prevê cotas para pessoas com deficiência, espera-se que as empresas promovam novas ações voluntárias direcionadas a essas pessoas, mas também aos outros públicos historicamente discriminados no mercado de trabalho, como mulheres, negros e o público LGBT[111].

---

110 https://publications.iadb.org/bitstream/handle/11319/7606/Perfil_social_racial_genero_500empresas.pdf?sequence=1&isAllowed=y
111 https://publications.iadb.org/bitstream/handle/11319/7606/Perfil_social_racial_genero_500empresas.pdf?sequence=1&isAllowed=y

A tabela a seguir mostra os resultados encontrados no levantamento do Instituto Ethos para a seguinte questão: "Quais destas políticas ou ações afirmativas sua empresa adota?". Cada empresa pesquisada podia indicar mais de um item, sendo todos eles voltados à promoção da equidade de oportunidades entre os gêneros:

Estabelece programas especiais para a contratação de mulheres	20%
Estabelece programas de capacitação profissional que visem melhorar a qualificação de mulheres para assumir postos não ocupados tradicionalmente por elas ou postos de maior nível hierárquico	52%
Estabelece metas e programas para a redução das desigualdades salariais entre mulheres e homens	28%
Estabelece metas para ampliar a presença de mulheres em cargos de direção e gerência	44%
Adota medidas de conciliação entre trabalho, família e vida pessoal	64%

Segundo Georgia Bartolo, diretora de Programas de Liderança Feminina da YWCA[112] do Brasil, as políticas organizacionais em prol da igualdade de gênero devem ter como base:

"1. desenvolvimento da autoconfiança das mulheres para a superação dos obstáculos intrínsecos que fazem com que se autolimitem;
2. reconhecimento, bloqueio e superação dos vieses inconscientes presentes em todas as pessoas para superar os obstáculos externos."[113]

Renata Correa, fundadora da ImpulsoBeta, indica algumas ações para ajudar os profissionais de RH a eliminar os vieses inconscientes de

---
112 A YWCA Brasil (Young Women's Christian Association do Brasil) é filiada à World YWCA, organização que trabalha para o desenvolvimento da liderança de mulheres e meninas em mais de 120 países. No Brasil, estão presentes em mais de 15 cidades, impactando 5.000 mulheres, crianças e adolescentes por ano.
113 www.crescimentum.com.br/liderança-feminina-e-a-autoconfiança

gênero que contaminam políticas e práticas de gestão de pessoas[114]. Ela afirma que é importante conhecer tecnicamente os tipos de vieses (de afinidade, de percepção, viés confirmatório, efeito de grupo etc.), para que se possam analisar com mais propriedade e questionar as práticas e processos de recursos humanos do próprio RH, bem como as ações dos líderes da organização. Caso você queira descobrir um pouco mais sobre os seus vieses pessoais de gênero, sugiro um teste de Harvard (Teste de Associação Implícita), que é gratuito e está disponível na internet. Procure pelo teste *gender-career*, em <https://implicit.harvard.edu>.

Um ponto crucial para ampliar as chances de ascensão na carreira da mulher é exatamente a escolha da empresa onde trabalhar. É importante optar por organizações que valorizem e promovam a equidade de gênero, oferecendo oportunidades iguais de progresso profissional para homens e mulheres. Políticas de inclusão de gênero ajudam a reduzir as barreiras que dificultam a chegada de mulheres a cargos de liderança. Procure conhecer os programas e práticas implementados pela organização nessa área. Veremos alguns exemplos neste capítulo. Uma pista importante sobre o posicionamento da empresa a esse respeito é o percentual de líderes mulheres que apresenta, sobretudo no seu comitê executivo.

De acordo com uma pesquisa realizada pela empresa de auditoria e consultoria PricewaterhouseCoopers (PwC)[115], cada vez mais os CEOs de grandes empresas associam diversidade e inclusão ao aumento da competitividade, inovação e lucratividade. Já há inúmeras pesquisas de instituições renomadas e universidades de ponta que confirmam esses fatos. Veremos algumas delas no decorrer do livro. O estudo, chamado "Ganhando a luta pelo talento feminino: como obter a vantagem da diversidade através do recrutamento inclusivo", foi realizado com 4.792 profissionais e líderes empresariais de 70 países. Aproximadamente 80% dos executivos ouvidos na pesquisa afirmaram que a estratégia de recrutamento de novos funcionários em suas organizações obedece ao princípio da equidade de gênero; 78% das empresas analisadas possuem estratégias

---

114 No artigo "Três estratégias para o RH superar os vieses inconscientes", publicado em 2018 em sua página do LinkedIn.
115 https://www.pwc.com.br/pt/sala-de-imprensa/noticias/pwc-empresas-investem-diversidade-mostra-estudo.html

para atrair mais talentos femininos. Por exemplo, garantem oportunidades de carreira em igualdade de condições e com salários compatíveis aos dos colegas homens. Jornadas de trabalho com horários flexíveis também são um atrativo oferecido. A pesquisa da PwC confirma que, atualmente, as mulheres buscam analisar mais profundamente a cultura da empresa antes de se candidatar ou aceitar uma proposta de trabalho: 67% das candidatas procuram conhecer o nível de diversidade do *board* da empresa; 56% delas consideram importante que a companhia divulgue seus avanços nos programas de inclusão. Segundo Ana Malvestio, sócia da PwC e líder de diversidade e inclusão:

> As mulheres, muitas vezes, deixam a empresa por não contar com as mesmas possibilidades de desenvolvimento dos homens. [...] Por isso, hoje, elas tendem a observar se a equidade de gênero realmente faz parte do DNA da organização.

Quando líderes do sexo feminino atingem cargos executivos, tendem a reduzir barreiras à ascensão de outras mulheres, como mostra o estudo "Do female top managers help women to advance?" ("Mulheres em altos cargos de liderança ajudam mulheres a avançar?", em tradução livre), de Fidan Ana Kurtulus e Donald Tomaskovic-Devey[116]. Analisando uma amostra de mais de 2 mil empresas americanas, os autores constataram que o aumento no percentual de mulheres em gerências de alto nível está relacionado a um subsequente aumento de mulheres em cargos gerenciais de nível médio na organização. No Brasil, pesquisa recente do Insper/Talenses[117] apontou resultado similar. Segundo o estudo, CEOs do sexo feminino significam maior percentual de mulheres em cargos de liderança. Em média, quando a presidente é do sexo feminino, mulheres ocupam 34% das funções de vice-presidência, 45% das cadeiras de diretoria e 41% dos cargos em conselhos. São números muito maiores do que os encontrados quando o presidente é do sexo masculino, situação em que esses percentuais caem para 18%, 23% e 10%, respectivamente.

---

116 KURTULUS, F.A.; TOMASKOVIC-DEVEY, D. Do female top managers help women to advance? A Panel Study Using EEO-1 Records. **The Annals of the American Academy of Political and Social Science**, 639(1), p. 173-197, 2011.
117 http://www.meioemensagem.com.br/home/marketing/2018/08/22/igualdade-de-genero-e-maior-onde-ha-ceos-mulheres.html

Todas as CEOs com quem conversei demonstram preocupação em promover a igualdade de oportunidades entre os gêneros e realizam ações para ampliar a presença feminina nos quadros de liderança em sua empresa. Algumas das entrevistadas também participam de grupos da sociedade civil que promovem reflexão e ação nessa área, em nível nacional e/ou internacional. Com esse objetivo, Luiza Trajano fundou, junto com outras executivas, o grupo **Mulheres do Brasil**, o qual preside e do qual fazem parte algumas das nossas entrevistadas, como Sonia Hess, Leila Velez e Sylvia Coutinho. Além de integrar o Mulheres do Brasil, elas também participam de diversos outros grupos que atuam para reduzir a desigualdade de gênero no mercado de trabalho. A CEO Leila Velez, que se considera em uma missão de agir em prol da equidade de gênero, contou que também participa do DWEN (Dell Women's Entrepreneur Network) e do CEO Champions.

Quando as primeiras mulheres conseguiram chegar a postos mais altos nas empresas, a maioria apresentava uma tendência de comportamento classificado como de "abelha-rainha", ou seja, "já que não há quase nenhum espaço para a mulher ascender, não quero concorrência feminina me ameaçando". Era mulher contra mulher. Essas primeiras líderes tendiam a reproduzir características tidas como masculinas, que eram associadas à liderança, tais como: assertividade, formalidade ou distanciamento em relação aos liderados, certa rigidez na forma de tratar, contenção das emoções etc. Até na vestimenta, as mulheres copiavam os homens com seus ternos. Ou seja, as mulheres esforçavam-se para imitar o estilo masculino no trabalho, tornando-se, assim, uma espécie de *pastiche* (ou mera cópia) deles. Isso mudou bastante. Todas as nossas entrevistadas mostram-se bem informadas sobre a questão de gênero e mercado de trabalho, assim como preocupadas em promover maior igualdade de oportunidades entre homens e mulheres em suas empresas. Além disso, sentem-se confortáveis em demonstrar características tidas como femininas. Duda Kertész afirma que é muito transparente com seus colaboradores em relação a suas emoções. Quando a empresa teve de fazer uma reestruturação e ela precisou comunicar as demissões para os funcionários, por exemplo, comoveu-se e se permitiu chorar ao falar para a empresa inteira no auditório. Explicou as razões do ocorrido, foi transparente, emocionou-se.

Luiza Trajano faz questão de manter a mesma personalidade e forma de pensar dentro e fora da empresa. Segundo conta, nunca assumiu uma fachada masculina e sempre manteve sua feminilidade. No trabalho, fala sobre suas emoções, sobre sua espiritualidade, não tem problemas em chorar e em pedir desculpas quando necessário. Nunca abriu mão de sua essência em troca de poder ou de cargo. Luiza afirma que os homens de sua geração foram criados em uma sociedade em que não podiam admitir que erravam, não podiam falar que não sabiam, não podiam trazer a emoção para o trabalho, mesmo se estivessem muito mal. Tinham que ser durões. Até os dias atuais, essas características ainda estão presentes na educação dos meninos. Trajano pondera que o modelo de empresa de sucesso mudou bastante de lá para cá. Ela acredita que, hoje, em um líder, valorizam-se características estimuladas na educação das mulheres, como "a capacidade de educar, de estar em vários lugares ao mesmo tempo, de trocar de papel, de trazer emoção para a companhia, de trazer até o espiritual para a companhia". Por isso, Luiza acredita que as mulheres estão mais aptas a desenvolver essa nova concepção de liderança.

Angela Brandão acredita ter um estilo de liderança com predominância de características tidas como femininas, como explica:

> É muito comum no mundo gerencial a mulher que chega ao poder ser exultada por suas características, entre aspas, masculinas: porque ela sabe "pôr o pau na mesa". Aí está a metáfora... As pessoas me cobravam. Eu tive pessoas que me disseram: "Você precisa mostrar quem manda. Chega lá e dá uns gritos". Aquela visão do "bate na mesa". E isso aí não é o meu estilo. Tem um diretor do Senado, que é um secretário-geral, que eu acho uma figura brilhante. É um homem, e ele é muito acima da média que eu já vi na administração da casa. Ninguém diz que o brilhantismo dele está muito associado a características femininas. O feminino é associado a doçura, cuidar, empatia, e ele é assim. Quando você é mãe, vem o seguinte treino: você começa a ler as pessoas. Aquele bebê, ele não fala. Você sabe que a criança de três anos que está chorando e pedindo chocolate, você sabe que é sono.

> Ele está pedindo uma coisa e você está vendo outra. Como, historicamente, essa função foi atribuída à mulher, assim como uma certa energia de empoderamento foi atribuída ao homem, eu acho que é um treino que a mulher fez mais ao longo do tempo: ler outro ser humano, ler que o que ele está pedindo não é o que ele quer. Isso é uma característica que, se eu tivesse que classificar como masculina ou feminina, eu diria feminina. Quem faz é a mãe, não é o pai. E isso, esse aspecto "feminino", os grandes líderes homens têm. Então, na verdade, a mulher que galga ali é porque ela atingiu características masculinas e femininas, e o cara que galga ali é porque ele atingiu características masculinas e femininas. Porque ele foi capaz de ler, de ouvir, porque ele foi capaz dessas sutilezas da mulher, e essa coisa do multifacetado, que eu acho que também o universo feminino, por ser tão exigente, te treina desde pequenininha. Se você olhar nesse sentido, eu sou uma gestão muito mais feminina do que masculina. Mas eu não sou feminina porque eu sou legalzinha ou porque eu choro. Eu sou feminina porque, até aqui, o que eu busquei fazer foi, basicamente, ler e responder ao subtexto, e não ao texto.

A questão da vestimenta foi tratada de forma diferente pelas entrevistadas. Paula Bellizia acredita em uma liderança que não esconda o que possa ser considerado feminino:

> Eu acredito na liderança feminina. Feminina! Eu não quero ser uma mulher com estilo masculino, então você vai me ver arrumada mesmo, eu vou ter elogios e eu vou gostar... E faz parte de você ser mulher num ambiente masculino. Isso é uma coisa, mas é diferente de você aceitar cantada.

Leila Velez aponta algumas dificuldades que enfrenta por se vestir de forma feminina no trabalho, com cor, decote, roupa acinturada. Ela já enfrentou situações em que precisou romper relações com um fornecedor, interromper um processo de investimento, em razão de assédio sexual, por perceber que determinada pessoa não está prestando atenção no que ela diz, mas sim no seu decote, no corpo. A CEO afirma, com segurança, que não vai se masculinizar para evitar esse tipo de situação e ser respeitada: "Eu não vou me vestir de homem, eu não preciso fazer isso para mostrar quem eu sou. Isso é muito importante para a mulher".

Já Sylvia Coutinho, por ter um lado "mais moleca", como ela diz, busca, no trabalho, um estilo confortável, e se sente melhor de calça e com roupas que não chamem "atenção para nenhum dos seus atributos outros que não a cabeça".

Observei que o modo de vestir das entrevistadas é fiel à sua personalidade e estilo. Apesar da diversidade encontrada, o ponto comum foi a ausência do padrão "pastiche de homem".

Entre as líderes entrevistadas, como vimos, a preocupação em promover o respeito à mulher e uma maior igualdade de oportunidade entre os gêneros se traduz em comportamentos e políticas empresariais variadas. Em alguns casos, estas se dão em um contexto mais amplo de promoção da diversidade na empresa. Veremos algumas dessas ações no decorrer do capítulo.

2. As ações empresariais

2.1. Ponto de partida

Uma pergunta que me fazem com frequência em aulas e consultorias é: "O que fazer para estimular a equidade de gênero na minha empresa?". Cada vez mais empresas sentem necessidade de se mobilizar em prol da diversidade, mas muitas não sabem como começar. Claro que, como vimos, não existe uma receita única e fechada, pois as ações mais eficazes vão depender da área de negócios, do perfil e quantidade de funcionários, dos valores e da cultura da empresa, entre outros fatores de influência. Contudo, um ponto de partida essencial é realizar um *diagnóstico* da organização nessa área, que deve conter: percentual de mulheres e homens em cargos de liderança em todos os níveis; diferença salarial entre os gêneros; ponto de vista das funcionárias sobre a cultura da empresa (no que tange à igualdade de oportunidades entre os gêneros, discriminação às mulheres, assédio moral e sexual) etc. Ou seja, primeiro deve-se conhecer o problema, para depois pensar nas possíveis soluções. A ONU disponibiliza uma ferramenta interessante para que empresas possam diagnosticar sua situação atual em relação à igualdade de gênero, bem como avaliar a eficácia de políticas internas nesse campo, que já estejam em andamento. Chama-se "WEP Gender Gap Analysis Tool" ("Ferramenta de Análise de Diferenças de Gênero e Princípios de Empoderamento das Mulheres")[118], e já é utilizada por mais de 900 organizações em 92 países. A metodologia foi desenvolvida conjuntamente pelo Pacto Global das Nações Unidas, ONU Mulheres e BID Invest. Trata-se de uma autoavaliação voluntária, composta de 18 perguntas de múltipla escolha. Pode ser utilizada por empresas de qualquer tamanho. Após o preenchimento do questionário, a plataforma fornece uma indicação de quais áreas precisam ser melhoradas e sugere possibilidades de ação e objetivos futuros. O resultado serve para nortear o planejamento de políticas voltadas para a igualdade de gênero nas organizações. De acordo com Nadine Gasman, representante da ONU Mulheres no Brasil:

> As empresas fazem seu próprio diagnóstico e podem se comparar [por meio da plataforma] com as médias [das outras empresas que preencheram o questionário]. A plataforma nunca vai dar informações que permitam deduzir o nome da empresa, mas há relatórios que comparam por país, por setor etc. Além disso, estamos recomendando refazer esse diagnóstico anualmente, para que as empresas vejam se estão avançando ou não e o que mais precisa ser feito para obter resultados[119].

O ex-jogador de basquete americano Kareem Abdul-Jabar, ao falar de racismo nos Estados Unidos, citou uma pesquisa de Harvard que mostrou um problema de percepção: 56% dos negros ouvidos no estudo consideram que há muito racismo no país. Entre os brancos entrevistados, esse número é de apenas 16%. Diz Abdul-Jabar: "Isso não é culpa dos brancos. Se você não é racista ou alguém que experimenta o racismo, a questão não está em seu radar", explica. Da mesma forma, muitos homens não se dão conta dos seus privilégios e nem ao menos consideram que haja um nível significativo de machismo no meio empresarial. O problema não os afeta. Não está em seu radar.

---

118 Você pode acessar a ferramenta por este link: https://weps-gapanalysis.org/
119 https://www.nexojornal.com.br/expresso/2018/11/21/A-ferramenta-da-ONU-que-avalia-pol%C3%ADticas-de-igualdade-de-g%C3%AAnero

Portanto, precisam ouvir as mulheres para compreender melhor a questão e desenvolver empatia. Nesse sentido, a Schneider Electric criou um grupo de trabalho formado por gestores que se reúnem a cada três meses, com o objetivo de identificar os obstáculos para a ascensão profissional das mulheres na empresa, além de desenvolver estratégias para eliminá-los. Entre outras ações, a Schneider provê mentoria direcionada para jovens mulheres com potencial de liderança, disponibiliza um canal de denúncias anônimas para evitar qualquer tipo de preconceito, persegue equidade salarial entre homens e mulheres em posições equivalentes. A companhia, especialista em gestão de energia e automação, vem buscando ampliar o recrutamento de mulheres em um setor historicamente masculino. Em processos seletivos para cargos-chave, procura sempre um finalista de cada sexo. A empresa, que atua em mais de cem países, assinou compromisso com o *HeForShe*[120], da ONU Mulheres, e com o WEP – *Women Empowerment Principles* (Princípios de Empoderamento das Mulheres, em tradução livre), também da ONU[121]. No Brasil, aproximadamente 25% dos cargos de liderança da companhia são ocupados por mulheres. Tania Cosentino, presidente da Schneider Electric para a América do Sul, afirma:

> Estima-se que levaremos cem anos para alcançar a equidade de gênero nas lideranças das empresas. Não podemos esperar.

---

120 No Brasil, mais de 30 mil homens já assinaram e firmaram compromisso com a campanha #ElesPorElas (#HeforShe) no site http://www.heforshe.org/en. O princípio desse movimento criado pela ONU Mulheres é que, para acelerar mudanças no ambiente, os homens também precisam mudar, já que o dominam. A maioria dos homens não se dá conta dos seus vieses inconscientes de gênero, que geram discriminação contra a mulher no meio empresarial (e outros). Isso retroalimenta a manutenção do poder nas mãos de um só gênero. No mundo todo, diversos chefes de Estado e CEOs já assinaram no site da campanha da ONU.

121 Os WEPs – Women's Empowerment Principles (Princípios de Empoderamento das Mulheres), difundidos pelo Pacto Global das Nações Unidas e pela ONU Mulheres (Entidade das Nações Unidas para a Igualdade de Gênero e o Empoderamento de Mulheres), apresentam diretrizes para alavancar a igualdade de gênero no mundo dos negócios. Centenas de empresas brasileiras já assinaram os WEPs. Magazine Luiza e Microsoft estão entre as signatárias. No mundo, já são mais de 1.400 empresas. Segundo Adriana Carvalho, assessora dos WEPs da ONU Mulheres, a assinatura da declaração é apenas o primeiro passo. Depois, as empresas recebem auxílio da ONU: "Oferecemos recomendações e suporte para que possam mapear todas as áreas da empresa. Organizamos também encontros das empresas signatárias, temos oficinas e uma série de materiais para ajudá-las na implementação dos princípios", afirma Adriana. Além de trazer vantagens ao próprio negócio, conforme demonstram diversas pesquisas, Adriana considera que empoderar as mulheres nas empresas também é um chamariz para a nova geração de profissionais: "Cada vez mais as mulheres querem trabalhar em uma organização que não seja leviana e que tenha essa preocupação com seus funcionários e o mundo como um todo".

> É preciso trabalhar interna e externamente na conscientização de empresas e executivos e no diálogo com jovens para atrair mais mulheres para o mercado, mostrando efetivamente que todas podem chegar lá, e a transformação social e econômica que essa transformação vai gerar. Estudos confirmam que a equidade de gênero traz melhores resultados financeiros para as organizações, a diversidade gera mais inovação, e alcançar a igualdade nos mercados seria o mesmo que introduzir os PIBs da China e dos Estados Unidos na economia mundial.

A executiva ressalta que uma das barreiras a serem eliminadas quando se persegue a igualdade de oportunidades entre os gêneros é o preconceito contra as mulheres, muitas vezes inconsciente. Ela defende o envolvimento dos homens no debate, já que eles ainda controlam majoritariamente os mecanismos de contratação e promoção. Cosentino afirma:

> As mulheres são expostas, desde a infância, a mensagens que reforçam uma imagem de fragilidade, a importância da beleza, e não da inteligência, enquanto os meninos recebem mensagens que reforçam inteligência e poder e se valem de arquétipos de heróis e guerreiros. Na idade adulta, essas mensagens continuam presentes no subconsciente da mulher e passam a fazer parte do seu sistema de crenças, tornando a jornada mais difícil.

Quando se deseja realizar ações em prol de determinado grupo de funcionários (como o das mulheres, por exemplo), ouvir esse grupo – seus problemas, anseios, demandas, necessidades específicas, reclamações e sugestões – antes de traçar estratégias de ação potencializa suas chances de sucesso. Dessa forma, será possível detectar as recorrências, o que é mais relevante para o coletivo. Ouvir as funcionárias e buscar atender suas demandas também pode contribuir para fazê-las sentir-se parte do processo de mudança cultural, se for o caso, ampliando a possibilidade de adesão aos novos valores e engajamento nas ações propostas.

A Accenture, que vem ampliando consideravelmente a presença feminina nos cargos de liderança nos últimos anos, tem uma prática que considero interessante para fins de diagnóstico de problemas: a empresa costuma ouvir as funcionárias que pedem demissão para entender por que deixaram a companhia. Levando em conta esse *feedback*, a Accenture vem traçando vários programas de ação, que incluem o aumento do período de licença-maternidade para seis meses, a adoção de horários flexíveis e *home office* de meio período para as funcionárias no primeiro ano de vida dos filhos (é importante realizar ações similares também para os funcionários homens que se tornam pais, para que possam efetivamente dividir suas responsabilidades parentais com as esposas), além de treinamentos de liderança voltados para o público feminino.

2.2. Garantia de salários iguais

Como eliminar a disparidade salarial por gênero? Que iniciativas podem ser adotadas pelas empresas nesse sentido? Em abril de 2017, foi aprovada no Reino Unido uma lei que obriga todas as empresas com mais de 250 funcionários (públicas e privadas) a divulgar a diferença entre a média salarial paga a homens e mulheres. Toda a remuneração do cargo deverá ser descrita, incluindo bônus. As informações ficam disponíveis para consulta em um site do governo. A nova lei busca combater a desigualdade de gênero no mercado de trabalho, ampliando a visibilidade e o debate sobre o tema. O governo espera que a divulgação das disparidades salariais estimule as empresas a buscar estratégias sustentáveis de superação dessa realidade. Esse tipo de levantamento é um ponto de partida essencial para toda empresa que busca justiça nessa área, independentemente de ter lei que a obrigue. Atualmente, as mulheres britânicas ganham 17% a menos do que os homens, segundo levantamento feito pela Organização para a Cooperação e Desenvolvimento Econômico (OCDE)[122]. Tanto lá como aqui, essa discriminação de gênero no mercado de trabalho acontece a despeito da legislação, que obriga as empresas a pagarem a mesma quantia para homens e mulheres que cumprem a mesma função.

Em Nova York, em 2017, foi aprovada uma medida que proíbe que se questione o salário anterior do candidato em entrevistas de

---

[122] http://www.infomoney.com.br/carreira/salarios/noticia/6336062/lei-obriga-empresas-divulgar-diferencas-salariais-por-genero-reino-unido

emprego, para evitar a perpetuação da desigualdade salarial entre homens e mulheres. Outros estados e municípios americanos vêm adotando medidas similares. Em julho de 2019, o governador de Nova York, **Andrew Cuomo**, decretou uma lei que proíbe que homens e mulheres ganhem salários diferentes ao exercerem a mesma função dentro das empresas. Nada impede, obviamente, que organizações no Brasil e em outros países adotem voluntariamente iniciativas similares.

Na Avon, onde mais de 70% dos funcionários são mulheres, há uma diretoria dedicada exclusivamente à diversidade, com foco em ações para a igualdade de gênero e raça/etnia. Com essa finalidade, a empresa realiza uma auditoria anual para garantir que pessoas que atuem na mesma função, homens ou mulheres, recebam salários iguais; a organização também permite horários flexíveis e *home office*, e adota a licença-maternidade de 180 dias. O Magazine Luiza também tem uma política de salários iguais para homens e mulheres na mesma função, impedindo que haja discriminação de gênero nessa área.

2.3. Creche

A Avon oferece berçário interno para os filhos de funcionários, que conta com nutricionista, cuidadoras e pedagogas para estimular a capacidade cognitiva das crianças. A Whirlpool possui berçário aberto das 5h30 às 18h em algumas unidades da empresa, proporcionando atendimento para bebês e crianças de até 18 meses. A farmacêutica Boehringer-Ingelheim provê auxílio-creche no Brasil, além de incentivar os funcionários a praticar o *home office* e gerir o próprio tempo. Às sextas-feiras e vésperas de feriados, todos são liberados às 13h. A Pfizer oferece creche para crianças de até 7 anos em sua unidade de Guarulhos (SP). Para os funcionários das outras unidades, a empresa fornece auxílio-creche. A Natura conta com berçário nas dependências da empresa há mais de vinte anos, o qual conta com alimentação orgânica e balanceada, elaborada por nutricionistas, e adota a metodologia construtivista para contribuir para a educação dos pequenos.

Grande parte da população brasileira não tem onde ou com quem deixar o filho pequeno durante o trabalho, por não ter condições de arcar com os custos desse tipo de atendimento. Como o governo não resolve esse sério problema social, o oferecimento gratuito de creche (ou auxílio-creche) aos funcionários torna-se uma iniciativa empresarial de vital importância. Essa ação favorece sobretudo as funcionárias, considerando que, quando as famílias não têm condições de arcar com os custos de babá ou creche para seus filhos, normalmente ainda são as mulheres que interrompem ou prejudicam sua carreira após o nascimento dos filhos para cuidar deles. O Magazine Luiza oferece um "cheque-mãe" mensal para todas as funcionárias que têm filhos, até que eles completem 12 anos.

2.4. Licença-paternidade

Nas entrevistas de emprego no Brasil, é comum que se pergunte às mulheres se já têm filhos, se planejam ter e outras questões relacionadas. Isso aconteceu comigo quando fui contratada, aos 30 anos, para dar aulas em uma universidade. Mas os mesmos questionamentos não são feitos aos homens, embora pai e mãe sejam (ou devessem ser) igualmente responsáveis pelos cuidados com os filhos. Como sabemos, a expectativa social predominante ainda é de que a gerência da casa e do cotidiano dos filhos seja responsabilidade da mulher.

Sam Smethers, diretora de uma importante ONG britânica de defesa de igualdade de gênero, a *Fawcett Society*, defende que não se resolverá o problema das disparidades salariais entre homens e mulheres, entre outras desigualdades, "sem que examinemos questões como maior disponibilidade para que homens se envolvam no cuidado dos filhos e mais flexibilidade nos horários de trabalho, por exemplo"[123]. Nesse contexto, uma das iniciativas que julgo mais importantes é a ampliação da licença-paternidade. No Brasil, são cinco dias garantidos por lei. Esse período corresponde a 9% da média de tempo dos países desenvolvidos, que é de oito semanas, segundo a OCDE. Os cinco dias de licença para

---
123 In: http://www.bbc.com/portuguese/geral-39515235

cuidar do filho recém-nascido podem ser estendidos para vinte, caso o empregador faça parte do programa Empresa Cidadã. Em 2017, a Johnson & Johnson implantou a licença-paternidade remunerada de oito semanas no Brasil, beneficiando os funcionários do sexo masculino que se tornarem pais biológicos ou adotivos.

O setor de tecnologia, composto em sua maioria por empresas modernas e inovadoras em suas práticas, vem se mostrando pioneiro em oferecer a licença-paternidade remunerada. No final de 2015, alguns dias após o CEO Mark Zuckerberg anunciar que tiraria dois meses de licença-paternidade em razão do nascimento da filha, o Facebook anunciou que passaria a conceder quatro meses de licença-paternidade ou maternidade remunerada para seus funcionários, de qualquer parte do mundo, que se tornassem pais (biológicos ou adotivos). Antes de essa medida ser implantada, só os funcionários que trabalhavam nos Estados Unidos usufruíam esse benefício. Os outros deveriam seguir a lei do país em que trabalhavam. Casais formados por pessoas do mesmo sexo também têm direito à licença.

Em texto publicado à época no Facebook, Lori Goler, líder de Relações Humanas da empresa, afirmou: "Nós acreditamos que pais e mães merecem o mesmo nível de apoio quando estão começando ou aumentando sua família, independentemente da maneira como eles definem família". Nessa mesma linha, a Google adotou uma política global em 2017 que permite que os funcionários homens tenham 84 dias de licença-paternidade com remuneração integral. Há alguns anos, a Netflix oferece, a seus milhares de funcionários, licenças maternidade e paternidade remuneradas pelo tempo que precisarem durante o primeiro ano de vida do bebê. A empresa acredita que essa prática ajuda na atração e manutenção de bons profissionais, eliminando preocupações financeiras e de carreira que envolvem o momento de ter filho. A Netflix defende[124], em seu blog, que as pessoas têm maior rendimento no trabalho quando não precisam se preocupar com o lar. Nós, mulheres, sabemos muito bem disso. A mesma lógica fez a Microsoft anunciar, em 2015, um aumento no período de licenças paternidade e maternidade remuneradas para funcionários que atuam

---

124 https://media.netflix.com/en/company-blog

nos Estados Unidos, chegando a doze semanas para os homens e vinte para as mulheres. A legislação americana não prevê obrigação, para as empresas, de conceder licença-maternidade ou paternidade remunerada. No mesmo ano, a Microsoft estendeu a licença-maternidade de quatro para seis meses no Brasil.

Nesse ponto, vale uma reflexão: adotar medidas direcionadas somente a funcionárias mulheres para ampliar sua possibilidade de dedicação à família (como, por exemplo, a ampliação da licença-maternidade sem um aumento equivalente da licença-paternidade) pode funcionar como um reforço à percepção de que a responsabilidade em relação aos filhos e a casa é somente da mulher, contribuindo para a discriminação de gênero no mercado de trabalho. Sendo assim, é importante que as ações empresariais voltadas para a conciliação entre família e trabalho sejam direcionadas também aos homens. E que estes não sejam discriminados ao desfrutar das possibilidades oferecidas pela organização.

O Facebook, por exemplo, oferece a seus funcionários nos Estados Unidos, tanto homens quando mulheres, quatro meses de licença parental durante o primeiro ano de nascimento dos filhos. Muitos funcionários homens não utilizam esse benefício, por medo de terem sua carreira prejudicada. Como a expectativa social predominante lá também (guardadas as devidas proporções) ainda é de que a mulher assuma o cuidado com os filhos em maior escala, o constrangimento em fazer uso desse apoio para os homens é maior. Nesse ponto, o exemplo do CEO Mark Zuckerberg, que tirou sua licença-paternidade por ocasião do nascimento da filha, foi um reforço importante.

Desde 2007, a IBM oferece aos funcionários o "pós-natal para pais", em que os homens que acabaram de ter filhos podem passar quatro meses trabalhando 40% da jornada em casa. As gestantes podem trabalhar em *home office*, personalizando seus horários, e, durante o período de amamentação, a empresa paga táxi para que as funcionárias possam ir para casa duas vezes por dia. Além disso, as funcionárias ganham reembolso de despesas com creche durante dezoito meses.

2.5. Horário flexível e *home office*

Quando seu filho nasceu, Sheryl Sandberg começou a sair da empresa às 17h30 e terminar o expediente em *home office*. Mas saía escondido. Tinha medo de que duvidassem da sua dedicação ao trabalho. Depois, percebeu a oportunidade que tinha, como líder e porta-voz da causa. E mudou de postura. Ela explica como aconteceu:

> Nossa mentalidade profissional valoriza a dedicação completa ao trabalho. Receamos que a simples menção a outras prioridades diminuirá nosso valor como funcionários. Também enfrentei isso. Como contei, depois de ter filhos, mudei meu horário de trabalho para estar em casa na hora do jantar. Mas faz bem pouco tempo que comecei a falar sobre essa mudança. E mesmo que o fato de sair mais cedo do trabalho não tenha feito praticamente nenhuma diferença, *admitir* que eu ia para casa às 17h30 acabou se mostrando uma coisa muito importante. A primeira vez que falei abertamente sobre meu horário de trabalho foi no lançamento do *Facebook Women*, um grupo interno de recursos humanos da empresa. [...] Surgiu a (inevitável) pergunta sobre como eu equilibrava trabalho e família. Falei que saía do serviço para jantar com meus filhos e depois, quando eles iam dormir, voltava ao trabalho on-line. Disse que estava comentando meus horários porque queria incentivar os outros a personalizar seus horários também. Embora tivesse me programado de antemão para debater esse ponto, estava nervosa. Anos de condicionamento tinham me ensinado a jamais insinuar que estava fazendo qualquer outra coisa além de me entregar 100% ao trabalho. Dava medo pensar que alguém, mesmo quem trabalhava para mim, pudesse ter alguma dúvida sobre meu empenho e minha dedicação. Felizmente, isso não aconteceu. [...] Fiquei contente em iniciar a discussão. A repercussão me fez entender como seria incrivelmente difícil que alguém em um cargo mais baixo solicitasse ou adotasse esse horário de trabalho. Temos um longo caminho pela frente antes que um horário de trabalho flexível seja aceito na maioria das empresas. Só acontecerá se continuarmos levantando a questão. As discussões podem ser difíceis, mas os pontos positivos são inúmeros. (SANDBERG, 2013, p. 192-193)

A flexibilização dos horários e a possibilidade de *home office* são uma conquista importante para a redução do custo-maternidade na carreira das mulheres. Representam avanços fundamentais para que homens e mulheres possam encontrar um equilíbrio mais saudável entre trabalho e família e construam uma divisão mais justa das responsabilidades domésticas.

A tradicional Proctor & Gamble, fundada nos Estados Unidos em 1836, além de possibilitar horários flexíveis e *home office* no Brasil, ainda proporciona a chamada "semana comprimida", em que o funcionário chega quatro horas mais tarde na segunda-feira e sai quatro horas mais cedo nas sextas-feiras.

Recentemente, a PepsiCo Brasil vem realizando uma série de ações que estimulam a liderança de mulheres e a ampliação da diversidade (não só de gênero) em sua força de trabalho. Em 2017, a organização anunciou a criação da área de Diversidade & Engajamento, cujo objetivo principal é o de incentivar a construção de uma cultura organizacional mais plural. Esse departamento atua em conjunto com a área de Cidadania Corporativa. A empresa possui um programa de licença-maternidade que permite um período de licença maior do que o previsto por lei, além de apoiar a volta das mulheres ao trabalho com políticas de horários flexíveis. A companhia também permite a todos os funcionários a possibilidade de fazer *home office* uma vez por semana. Para aumentar a paridade de gênero nos cargos de liderança, a empresa criou um programa de *coaching* e mentoria, que potencializa o crescimento profissional das mulheres a partir do contato com gestoras e gestores experientes. Segundo o site da instituição, a PepsiCo Brasil conta hoje com 42% de mulheres ocupando cargos de liderança sênior, um percentual bastante superior à média de 25% do setor de alimentos e bebidas no país.

2.6. Publicidade e valores

Falei sobre a importância, para as mulheres, da escolha de empresas para trabalhar que valorizem e invistam na equidade de gênero. Nesse sentido, a publicidade pode ser reveladora, pois expõe valores que uma organização defende ou deseja associar à sua imagem.

No mundo todo, muitas empresas estão utilizando suas campanhas publicitárias para divulgar que prezam a diversidade e investem na igualdade de gênero em seus quadros. É uma estratégia que, aliada a outras ações, pode exercer impacto significativo no reforço ou mudança da cultura empresarial. Um exemplo marcante é o da Skol. Numa virada radical, a marca de cerveja anunciou, em 2017, que imagens que objetificam a figura feminina e/ou com forte apelo sexual (comuns na publicidade dessa e de várias outras marcas de cerveja) não serão mais utilizadas pela empresa. A então diretora de marketing, Maria Fernanda de Albuquerque, afirma que a Skol evoluiu junto com o mundo, e a representação da mulher veiculada em suas peças publicitárias do passado não estão de acordo com os atuais valores da empresa. Além disso, a mudança de postura da companhia também visa a atrair mais talentos femininos. Na nova campanha publicitária, oito artistas mulheres foram convidadas para fazer releituras de pôsteres antigos da marca, apresentando novos olhares sobre a mulher, condizentes com a cultura da organização. Na campanha, a Skol também pedia aos consumidores que indicassem bares com cartazes da cervejaria considerados machistas, para que a empresa pudesse substituí-los pelos novos[125].

Em 2017, a Pepsico Brasil lançou campanha publicitária no Facebook e outras mídias, na qual reforçou que a empresa considera a diversidade como valor e investe na igualdade de oportunidades profissionais entre os gêneros. Pode-se ler em sua página oficial do Facebook:

> Incentivar o empoderamento feminino está em nosso DNA! Nossa agenda de Performance com Propósito prevê diversas iniciativas para promover a igualdade de gênero e ampliar a presença feminina em nossos quadros de liderança.

Nessa campanha, a Pepsico Brasil mostrou a ascensão de líderes mulheres na instituição, com fotos, elogios à competência e resumo da trajetória de cada uma delas. Marcus Vaccari, vice-presidente de recursos humanos, afirmou à época: "A empresa acredita que um ambiente inclusivo

---

[125] http://g1.globo.com/economia/midia-e-marketing/noticia/skol-lanca-acao-para-trocar-cartazes-machistas-de-bares.ghtml

e que valoriza a diversidade de gênero é fundamental para a inovação em ideias, processos e formas de liderar"[126]. Durante a gestão de Indra Nooyi – empresária norte-americana nascida na Índia – como CEO, a PepsiCo assinou o acordo de Princípios de Empoderamento das Mulheres[127] e aderiu à iniciativa *HeForShe,* ambos da ONU. A empresa conseguiu ampla mídia gratuita em veículos de grande alcance com essas duas ações. Em 2017, a empresa contava com 42% dos cargos de liderança sênior ocupados por mulheres. João Campos, presidente da PepsiCo Brasil, explica algumas razões pelas quais a empresa investe na inclusão e na igualdade de gênero: "Para nós, viver a diversidade traz uma vantagem competitiva; ela fomenta a criatividade, estimula a inovação e leva a decisões e ações mais alinhadas com o mercado e com a sociedade que operamos"[128].

Com suas campanhas publicitárias, organizações podem colaborar para reforçar ou quebrar estereótipos culturais que geram discriminação (de gênero, raça/etnia, orientação sexual etc.). Pensando nisso, alguns dos maiores anunciantes do mundo se uniram recentemente à ONU Mulheres e formaram a **Unstereotype Alliance**. O grupo, que inclui empresas como Microsoft, Google, Facebook, Mars e a gigante publicitária WPP, foi criado para banir os estereótipos de gênero que são perpetuados por meio da publicidade no mundo todo. Os parceiros pretendem gerar mudanças culturais usando a publicidade para divulgar imagens realistas de homens e mulheres, eliminando representações que diminuam o gênero feminino. Segundo a diretora executiva da **ONU Mulheres**, Phumzile Mlambo-Ngcuka:

---

126 http://www.meioemensagem.com.br/home/ultimas-noticias/2017/03/24/pepsico-brasil-assina-acordo-de -empoderamento-feminino-da-onu.html
127 Pelo link http://www.onumulheres.org.br/referencias/principios-de-empoderamento-das-mulheres/, é possível acessar o formulário de adesão aos sete Princípios de Empoderamento das Mulheres, criados pela ONU Mulheres. Conheça os princípios:
a. Estabelecer liderança corporativa sensível à igualdade de gênero, no mais alto nível.
b. Tratar todas as mulheres e homens de forma justa no trabalho, respeitando e apoiando os direitos humanos e a não discriminação.
c. Garantir a saúde, segurança e bem-estar de todas as mulheres e homens que trabalham na empresa.
d. Promover educação, capacitação e desenvolvimento profissional para as mulheres.
e. Apoiar empreendedorismo de mulheres e promover políticas de empoderamento das mulheres através das cadeias de suprimentos e marketing.
f. Promover a igualdade de gênero através de iniciativas voltadas à comunidade e ao ativismo social.
g. Medir, documentar e publicar os progressos da empresa na promoção da igualdade de gênero.
128 http://www.meioemensagem.com.br/home/ultimas-noticias/2017/03/24/pepsico-brasil-assina-acordo-de -empoderamento-feminino-da-onu.html

> Estereótipos refletem ideias profundamente enraizadas de feminilidade e masculinidade. Concepções negativas, diminuídas de mulheres e meninas, são uma das grandes barreiras para a igualdade de gênero, e nós precisamos atacar e mudar essas imagens onde quer que elas apareçam. A publicidade é um motor particularmente potente para mudar percepções e impactar normas sociais[129].

Desde 2018, é proibido, no Reino Unido, veicular qualquer propaganda que perpetue estereótipos de gênero. Campanhas sexistas, que reforcem "coisas de menina" e "coisas de menino" estarão contra as novas regras[130]. Mostrar apenas mulheres limpando a casa, cuidando dos filhos ou preparando comida para a família, somente homens tendo sucesso no trabalho ou no papel de super-heróis não é mais possível. Campanhas que hipersexualizem ou objetifiquem a mulher estão igualmente vetadas. Ao tomar essa decisão, o órgão que regula a publicidade no Reino Unido, a Advertising Standards Authority (ASA), considerou que crianças menores de oito anos são indefesas à publicidade, tendo maior tendência a acreditar no que é mostrado nesse campo. Segundo a ASA, comerciais que reforçam expectativas de aparência ou comportamento para determinado gênero podem ser muito prejudiciais, ao afetar a maneira como cada um percebe seu potencial e determina expectativas de comportamento em relação a si mesmo e aos outros[131].

Empresas com produtos voltados para crianças também vêm incorporando a quebra de estereótipos de gênero. Já mencionei a mudança no visual e no perfil das novas princesas da Disney, que hoje são valentes, corajosas, pegam em armas, defendem seus reinos e seus ideais de liberdade e independência. O ápice dos filmes deixa de ser o casamento com o príncipe. Aliás, em alguns dos desenhos mais recentes, ele nem existe mais. Em 2017, pela primeira vez, um pai apareceu nos comerciais da boneca Barbie, da Mattel. A nova campanha global, com o tema "Você pode ser tudo que quiser", traz pais e filhas brincando juntos com Barbies caracterizadas como médicas, astronautas, professoras etc., e reforça a importância da presença da figura paterna nos momentos de lazer dos filhos (meninos e meninas). Em 2015,

---

129 http://www.independent.co.uk/news/business/news/facebook-google-end-gender-stereotypes-adverts-around-world-mars-microsoft-wpp-join-forces-united-a7798911.html
130 http://news.sky.com/story/gender-stereotypes-to-be-banned-in-british-adverts-10952271
131 Para conhecer outras conclusões da ASA sobre o tema: https://www.asa.org.uk/news/report-signals-tougher-standards-on-harmful-gender-stereotypes-in-ads.html

um menino apareceu pela primeira vez em um comercial da Barbie. Nesse mesmo ano, uma campanha sobre a boneca com o tema "Imagine as possibilidades"[132] fez grande sucesso, mostrando meninas no cotidiano das profissões de empresária, paleontóloga, veterinária, técnica de futebol, professora universitária etc. As meninas substituíram as profissionais adultas em situações "reais", surpreendendo quem interagia com elas. A boneca Barbie já foi criticada por reforçar um padrão de beleza único (de mulher muito magra, alta, branca e loira). Hoje, a boneca apresenta diferentes formatos de corpo, tons de pele, cor e tipos de cabelo. De acordo com o posicionamento atual da Mattel, a empresa tem a responsabilidade de refletir um amplo olhar sobre a beleza, opondo-se à ideia de padrão único, para que todas as meninas se sintam representadas e valorizadas. A boneca mais famosa do mundo gera mais de um bilhão de dólares em vendas por ano em mais de 150 países.

A GoldieBlox, empresa norte-americana de brinquedos infantis, lançou em 2014 uma campanha publicitária com o intuito de vender uma linha de produtos que incentiva garotas a serem engenheiras. A campanha viralizou no YouTube. No comercial, meninas cantam: "Todos os nossos brinquedos parecem os mesmos e nós gostaríamos de usar nossos cérebros. Somos mais do que princesas donas de casa"[133].

A Top-Toy, maior cadeia de brinquedos do norte da Europa, decidiu parar de fabricar brinquedos "para meninas" e "para meninos" e criou um catálogo de gênero neutro. Em seus comerciais, a empresa sueca mostra um menino e uma menina brincando juntos com cada um dos brinquedos: carro, fogão, boneca, mala de ferramentas, aspirador de pó etc. Assim, vemos o menino passando roupa, cozinhando e cuidando da boneca, e a menina manuseando carrinhos. Sobre o assunto, o diretor de Marketing da Top-Toy afirmou:

---

132 http://exame.abril.com.br/marketing/comercial-da-barbie-traz-mensagem-feminista-para-meninas/
133 Letra completa da música em inglês: "Girls, you think you know what we want. Girls, pink and pretty it's girls. Just like the '50s it's girls. You like to buy us pink toys and everything else is for boys. And you can always get us dolls. And we'll grow up like them, false. It's time to change. We deserve to be a range, cause all our toys look just the same and we would like to use our brains. And we are all more than princess maids. Girls, to build a spaceship. Girls, to code a new app. Girls to grow up knowing that they can engineer that. Girls, that's all we really need is girls; to bring us up to speed, it's girls. Our opportunity is girls. Don't underestimate girls. Girls, girls, girls, girls, girls, girls, girls, girls, girls, girls."

> Queremos que nossos catálogos reflitam a verdadeira forma de brincar de meninos e meninas, e não que apresentem uma visão estereotipada deles. Se tanto as meninas como os meninos na Suécia gostam de se divertir com uma cozinha de brinquedo, então queremos refletir esse padrão[134].

2.7. Currículo cego e cotas internas em processos de seleção e promoção

Buscando o equilíbrio percentual entre homens e mulheres em cargos de liderança, várias empresas adotam algum tipo de "cota interna" obrigatória para evitar discriminação ou vieses inconscientes nos processos de seleção/promoção. Nos planos de sucessão para cargos de liderança da Philips Brasil, ao menos um em cada três sucessores preparados precisa ser mulher. A empresa também permite o *home office* para os funcionários uma vez por semana. A IBM também exige representatividade feminina na lista de candidatos em processos de seleção para cargos técnicos e de gerência, e permite *home office* a funcionários homens e mulheres, semana de trabalho comprimida e horários flexíveis. Para aumentar o número de líderes do sexo feminino, a Bacardi do Brasil passou a exigir a inclusão de ao menos uma mulher em cada processo de seleção para cargos de gestão. Empresas menores, como a Masisa, de painéis de madeira, também se mobilizam nesse sentido. Desde 2012, a Masisa passou a exigir que 50% dos candidatos escolhidos para participação nos seus processos seletivos fossem do sexo feminino. Segundo a companhia, já nos primeiros dois anos, essa iniciativa ampliou de 0% para 50% o número de diretorias ocupadas por mulheres[135].

Pensando em atrair e reter talentos femininos na área de tecnologia, a nova mentalidade de seleção da Microsoft segue alguns princípios, como explica Paula Bellizia:

> 50% dos nossos estagiários são mulheres. A gente tem aberto a nossa filosofia de contratação, porque aí não é só gênero, é gênero, mas é também inclusão social, inclusão racial, é inclusão de diversidade de uma forma geral. Então, a gente mudou um pouco essa ida ao

---

134 http://www.hypeness.com.br/2014/02/para-acabar-com-estereotipos-cadeia-de-brinquedos-sueca-cria-catalogos-de-genero-neutro/
135 http://exame.abril.com.br/negocios/como-14-empresas-trabalham-para-ter-mais-lideres-mulheres/

mercado. Inclusive tem uma campanha nossa que eu acho muito, muito legal, que o nosso RH está liderando, que é: "Você não precisa ser o melhor para começar, você precisa começar para ser o melhor". Porque muitas vezes, em algumas universidades, os estudantes acham que eles não são bons o suficiente para algumas empresas, e a gente está querendo deixar claro que sim, a diversidade do talento e das experiências é importante para empresas como a Microsoft. Então, a gente está fazendo isso na base da pirâmide. Depois, a gente começou a prestar atenção em como é que se desenvolve essa população feminina. Eu faço uma análise de talentos (a gente chama de *people review*) todo trimestre. Tem uma lente pra todos os talentos aqui, mas tem uma lente para os talentos femininos, para entender como é que está a evasão feminina, como estão os níveis de desenvolvimento, como está o engajamento da população feminina. Tem um corte sempre para entender se a empresa está conseguindo reter os talentos em geral, mas também os femininos, porque a gente se preocupa com a jornada... Hoje, reportando pra mim, tem 40% de mulheres, e o meu *goal*, minha aspiração é sempre 50%. Ah, porque é cota? Não, porque é a representação da sociedade. Eu não acredito que cota imposta funcione culturalmente, porque você ressente o resto da organização. Então, o que a gente tem feito é uma política nossa: cada oferta que sai só é fechada se a gente tiver garantido no *pipe line*, no processo de recrutamento, um finalista homem e uma finalista mulher. O melhor talento vai ganhar. Mas a gente começou a mudar a mentalidade do processo de recrutamento.

A pesquisa "Mulheres na Liderança 2019" realizada pela Ipsos, em parceria com a WILL (*Women in Leadership in Latin America*), analisou 165 empresas no Brasil para descobrir aquelas com melhores práticas para promoção da igualdade de gênero. A organização que obteve maior destaque na pesquisa foi a Schneider Eletric. Uma das principais medidas adotadas pela empresa é garantir ao menos uma mulher como finalista em qualquer processo seletivo.

Em 2019, uma conceituada universidade europeia nas áreas de engenharia e tecnologia anunciou que, durante um ano e meio, só contratará mulheres para postos acadêmicos. O reitor da Universidade de Tecnologia de Eindhoven, na Holanda, Frank Baaijens, admite que é uma medida extrema, mas afirma que se tornou necessária diante do fracasso de outras medidas menos radicais que vêm sendo tomadas há dez anos na instituição. O machismo é persistente no meio acadêmico no mundo todo, tanto nas contratações como em promoções, premiações, concessões de bolsas etc. Os números não deixam dúvidas. Como escreveu Baaijens, em um artigo para o jornal britânico *The Guardian*:

> O que está claro é que, durante os processos de seleção e recrutamento, todos nós – homens e mulheres – temos um viés inconsciente, o que significa que gravitamos para candidatos do sexo masculino. Isso torna mais difícil para as mulheres começarem e desenvolverem suas carreiras acadêmicas. Para resolver essa situação injusta, tivemos que realizar ações de discriminação positiva, mesmo com o risco de perturbar alguns candidatos do sexo masculino. [...] Simplesmente não podemos nos dar ao luxo de excluir metade do potencial intelectual de nossa população, e a engenharia é uma disciplina que tem tudo a ver com inteligência, independentemente do gênero.

Durante a gestão de Claudia Sender na Latam, ao menos uma mulher deveria ser sempre avaliada em processos de seleção para cargos de liderança, abrindo oportunidades para que mais mulheres disputassem esses postos e conquistassem com mérito seu lugar no topo. Segundo Sender, essa prática é estratégica: "Uma liderança homogênea corre o risco de criar um produto que não vai agradar a tanta gente".

Algumas das executivas que entrevistei, como Luiza Trajano, Sonia Hess e Duda Kertész, defendem a adoção de cotas para mulheres em cargos executivos (prática já testada com sucesso em vários países). Para elas, trata-se de um recurso eficiente para quebrar barreiras de gênero mais rapidamente, porque as mudanças têm sido muito lentas e a baixa representatividade do sexo feminino nos cargos mais altos continua acentuada. Duda Kertész explica sua posição:

> Eu acredito, sim, que algum tipo de cota é uma medida temporária que pode ajudar. Tem um monte de estudos que dizem assim: não adianta você colocar uma mulher, porque uma mulher também fica tão isolada no ambiente, que você não resolve. Tem que ter duas, três mulheres para você começar a mexer no ambiente. Então, eu acho que cota pode ser uma medida – cota no topo, né? No conselho de administração ou na liderança – pode ser uma medida que pode mexer. Cota por lei. E não acho que as mulheres

precisem disso, mas os homens precisam disso para começar a ver o tamanho do problema.

Trajano é uma atuante defensora das cotas para mulheres, sobretudo nos conselhos de administração, pois, segundo ela, "Não se pensa em mulheres para certos cargos nas empresas. E o Conselho é um deles". Luiza explica sua posição a respeito: "Eu defendo cota para qualquer coisa, mas desde que eu possa lhe dar a definição: cota é um processo transitório para acertar uma desigualdade". Em 2017, apenas 7,9% dos integrantes dos conselhos das empresas de capital aberto no país eram do sexo feminino, segundo o Instituto Brasileiro de Governança Corporativa (IBGC). E esse percentual inclui acionistas, que ocupam pelo menos metade desses postos.

Leila Velez tem uma posição diferente a respeito de cotas obrigatórias para mulheres:

> Eu não gosto muito da ideia de cotas, eu acho que pela minha vivência. Eu tenho muito medo da mulher ser tachada de... na verdade, de ter um carimbo de só estar aqui porque existe uma cota, de só estar aqui porque existe uma proteção e não pelo seu próprio mérito. Porque, por exemplo, na minha faculdade, antes de fazer Administração, eu fiz Direito, e eu era a única negra da minha turma. Se eu tivesse entrado por cota, eu me sentiria extremamente constrangida de estar lá, ia me sentir quase que com menos valia com relação à minha capacidade de ser um bom profissional nesse sentido. E eu acho que, em uma condição de liderança feminina, é muito importante que a gente ajude a criar as condições para que elas tenham a mesma chance e não uma obrigatoriedade.

Um raciocínio recorrente de quem é contra as cotas é o seguinte: "A seleção tem que ser com base na competência, no mérito. Não pode haver tratamento privilegiado para as mulheres, isso não é justo". Mas o que acho importante ressaltar é que existe desde sempre um tratamento privilegiado para os homens, que são favorecidos em seleções, promoções, premiações em razão de seu sexo. Ou será que, mesmo com tantas pesquisas e estudos científicos disponíveis a respeito, alguém ainda acha que eles ocupam majoritariamente todos os espaços de poder e prestígio por uma questão de competência superior à das mulheres? Não tem saída: ou a pessoa acha que os homens são muito mais competentes do que nós em todas as áreas (o que seria uma questão de fé, já que essa versão é negada pela ciência), ou precisa admitir que esse grupo recebe algum tipo de favorecimento na escalada ao poder. O que ocorre é que esse tipo de favorecimento aos homens na cultura machista é naturalizado pela sociedade. Ministério composto só por homens? "Normal. O que importa é a competência." Premiação em várias áreas em que os vencedores são apenas homens? Ninguém estranha. Essa naturalização precisa acabar. Assim, muitos são contra o que chamam de tratamento privilegiado (que incluiria as cotas) para mulheres e negros, mas acham natural o tratamento privilegiado que já existe em nossa cultura para homens brancos. Ou nem o enxergam. Precisamos urgentemente de mecanismos para acabar com esse privilégio. Não estou disposta a esperar os cem anos que a ONU estima para a igualdade de gênero, caso continuemos no ritmo atual de evolução nessa área. E você?

Outra ação que vem sendo implementada por empresas em vários países para evitar discriminação de gênero, etnia, classe social etc. em processos seletivos é a adoção do chamado *currículo cego*[136]. Trata-se de uma prática de recrutamento/seleção em que se avaliam todos os currículos omitindo nome, fotografia, idade, gênero, etnia, nacionalidade, endereço e outras informações pessoais que possam prejudicar a escolha da candidata ou candidato por preconceito ou vieses discriminatórios inconscientes. Mesmo o endereço de e-mail exposto no currículo deve ser impessoal, de modo que não se revelem mais informações sobre a candidata ou candidato (pode ser composto, por exemplo, pelas iniciais do nome e sobrenome). É comprovado que há um aumento na contratação de mulheres em testes de seleção sem identificação de gênero. Empresas como HSBC, Deloitte e BBC já vêm adotando voluntariamente essa prática. Na Espanha, um grupo de 78 empresas anunciou em julho de 2017 que vai incorporar o currículo cego aos procedimentos de recrutamento e seleção. Vários outros países europeus, como França, Alemanha, Suécia e Holanda, vêm estimulando práticas similares entre as empresas.

---

[136] http://www.infomoney.com.br/carreira/emprego/noticia/6877632/curriculo-cego-populariza-entre-grandes-empresas-mundo-conheca-metodo

2.8. Mentoria, coaching e treinamentos

Um estudo publicado pela *Harvard Business Review*, que investigou por que mulheres ainda são preteridas em promoções em relação aos homens, destacou que aquelas que tiveram acesso a programas formais de mentoria nas empresas receberam 50% mais promoções do que as que encontraram mentores informais[137]. Várias empresas vêm investindo em treinamentos específicos para mulheres, incluindo mentoria, *coaching*, palestras, mesas-redondas e cursos na área de formação de líderes etc.[138] Empresas de diversos portes, como IBM, Itaipu Binacional, Accenture, TozziniFreire Advogados, entre tantas outras, possuem programas de capacitação voltados para o desenvolvimento de mulheres líderes entre seus funcionários. A Unilever Brasil, que desde 2014 já havia praticamente atingido a equidade de gênero em seus quadros, com 49% de executivas, conta com um programa de diversidade que inclui atividades de *networking*, mentoria e *coaching* para o desenvolvimento de mulheres líderes na companhia, além de permitir flexibilidade nos horários de trabalho.

Para estimular a escalada profissional das funcionárias, a Johnson & Johnson investe na mudança cultural. Criou um treinamento com o objetivo de discutir e reduzir o viés inconsciente de gênero que prejudica as mulheres na carreira. O treinamento é voltado para funcionários homens e mulheres, já que estas, muitas vezes, também incorporam esse aspecto da cultura brasileira. Duda Kertész deu um exemplo: "Se a mulher chega numa reunião e fala 'ai, tá *chiliquenta* hoje'... Mulher também boicota mulher, né?". Esse tipo de adjetivo reforça o estereótipo equivocado de desequilíbrio emocional feminino ("louca", "histérica", "está de TPM"...), que prejudica todas as mulheres.

A IBM conta com uma gerência de clima organizacional e diversidade que promove diversas ações voltadas para desenvolver a carreira das mulheres, como os encontros mensais de executivas e workshops mistos para discutir relações de gênero. A Ericsson, cujos funcionários são majoritariamente do sexo masculino, fomenta debates sobre mulheres

---

[137] IBARRA, Herminia; Carter, Nancy; SILVA, Christine. **Why men still get more promotions than women**. Disponível em: https://hbr.org/2010/09/why-men-still-get-more-promotions-than-women
[138] http://exame.abril.com.br/negocios/como-14-empresas-trabalham-para-ter-mais-lideres-mulheres/

e liderança entre as suas colaboradoras no Brasil e lhes oferece apoio de *coaches* internos e externos. A organização promoveu visitas de suas executivas a escolas técnicas e de ensino médio para estimular as estudantes a ingressar no mercado de tecnologia.

 A empresa Groupon, de e-commerce, por meio do projeto Women@ Groupon, convidou executivas de relevância no mercado para realizar palestras sobre carreira para as funcionárias. As gestoras da organização são incentivadas a atuar como mentoras de suas subordinadas. A Vale também estimula esse tipo de mentoria entre suas funcionárias, e costuma incluir o tema da equidade de gênero e participação feminina no mercado de mineração nos programas de capacitação da empresa para funcionários homens e mulheres. Nos últimos anos, ministrei palestras sobre liderança e responsabilidade social para a Andrade Gutierrez. Nesses encontros com os funcionários (de ambos os sexos), além das palestras, houve debates sobre questões relativas a gênero e liderança, discriminação contra as mulheres no meio empresarial, importância da diversidade etc. Considero importante que treinamentos com esse teor atinjam também os homens, para que possam se informar e se sensibilizar com o tema da equidade de gênero no mercado de trabalho.

 Há ações possíveis e eficazes para todos os tamanhos de empresa. Não faltam exemplos bem-sucedidos, e estes devem servir como inspiração para que cada organização busque o seu caminho. Desde que haja o propósito firme de mudança em direção a uma maior diversidade, qualquer empresa consegue criar suas próprias políticas, obtendo o retorno que as pesquisas e a prática confirmam.

CONCLUSÃO

Em geral, em todas as reuniões em que eu estou, sou a única mulher. Assim, por muitos e muitos anos. Uma vez, marcante foi a primeira reunião, quando assumi a minha função anterior, antes de vir aqui para o UBS. Eu tinha 27 mil funcionários, 2.500 agências na América Latina, inicialmente em 14 países. E eu fiz o primeiro *off-site*, que foi no México. Era com o pessoal mais *senior* da região e eram mais ou menos umas cinquenta pessoas. Na hora em que eu comecei a fazer a abertura da reunião, olhei para sala e... eu era a única mulher. De cinquenta pessoas. Eu e as recepcionistas servindo café. Essa foi marcante, porque eu me lembro da visão de subir no púlpito e olhar para a sala. Eu não tinha me tocado até então, tinha feito a lista, sabia quem estava vindo, mas não tinha me tocado que só tinha homem. Só me dei conta na hora em que eu subi e olhei para a plateia. Eram lideranças de vários países que reportavam para mim e eram todos homens. Depois eu fui trazendo mais mulheres, enfim, fazendo tudo que eu podia pra dar uma equilibrada nisso. Claro, me incomodava não ter mais mulheres, porque não era legal, não era um bom equilíbrio ali de maneira de pensar. Não tinha diversidade, que eu acho que traz ideias melhores.

No momento narrado acima, Sylvia Coutinho experimentou um estranhamento, um incômodo pelo fato de quase todos os cargos de liderança em sua empresa serem ocupados por homens. A partir daí, buscou "colorir a sala", para usar a expressão dela, ampliando a diversidade de gênero. Mas nem sempre esse tipo de incômodo ocorre na nossa sociedade. Os dois últimos presidentes da República, por exemplo, apresentaram seus ministérios praticamente compostos apenas por homens brancos, e a imensa maioria das pessoas considerou normal, aceitável. Nem ao menos estranhou. Eu acho impressionante a naturalização de uma situação tão absurda. Trata-se de uma confirmação do domínio masculino ao qual ainda estamos sujeitas em pleno século XXI.

Em contraponto, Justin Trudeau, ao assumir o cargo de primeiro-ministro do Canadá, em 2015, apresentou um ministério composto por 15 mulheres e 15 homens. Quando uma repórter perguntou a ele por que o equilíbrio de gênero na sua equipe era uma prioridade, ele respondeu: "Porque é 2015". Trudeau explicou que o novo gabinete se parecia com o Canadá, já que, entre os ministros, havia representantes de diversos grupos, incluindo um cadeirante, gays assumidos, dois indígenas, sendo um deles ministro da Justiça etc.

Devemos contribuir para que haja mais mulheres no poder em todas as áreas, pois é a forma mais eficiente e rápida para reduzirmos em escala cada vez maior a desigualdade de gênero na sociedade e seus efeitos perversos. A diferença de empatia com as questões femininas entre quem sofre discriminação na pele e quem não sofre é gritante. A experiência fertiliza a empatia. Assim, para acelerarmos a conquista da equidade de gênero, o ideal é que tenhamos cada vez mais mulheres feministas em cargos de liderança. Essa questão do feminismo é curiosa.

Tanto nos Estados Unidos como no Brasil, pesquisas mostram que, quando se pergunta às pessoas: "Você se considera feminista?", o percentual de respostas positivas ainda é pequeno. Porém, quando se muda a pergunta para algo como: "Você é a favor da igualdade de direitos e oportunidades entre homens e mulheres?", o percentual de respostas positivas sobe radicalmente, alcançando a maioria. Mas o feminismo trata justamente disso! E quem há de ser contra? Seja por razões éticas, seja por razões financeiras, a equidade de gênero faz bem às organizações. Uma diversidade maior no *board* da empresa, além de estar associada a valores nobres, gera mais criatividade, inovação, identificação com o cliente e maior lucratividade, entre outros benefícios.

Ao escolher onde trabalhar, lembre-se de que o sexo de quem está no topo da organização interfere no sexo de quem ocupa outros cargos de liderança na mesma empresa. Mulheres líderes tendem a ter menos preconceito em relação a outras mulheres, mais empatia e conhecimento acerca da situação da mulher em uma sociedade machista, além de mais informação sobre discriminação de gênero no trabalho. Considerando nossas entrevistadas, percebe-se que são muitos os esforços que realizam na direção da equidade de gênero no ambiente profissional. Mulheres no poder são um indicativo de uma cultura organizacional que respeita e valoriza a diversidade (até por isso puderam chegar lá). Assim, as suas chances de sucesso se ampliam em instituições que valorizam a igualdade de oportunidades entre homens e mulheres, e que já encontraram mecanismos para reduzir a discriminação e os vieses inconscientes de gênero.

A partir dos dados, exemplos e reflexões apresentados neste livro, espero ter contribuído para que você fique ainda mais atenta aos desafios que o fato de ser mulher traz para a sua carreira e a sua vida, e tenha mais condições de vencê-los. Conhecer o labirinto de cristal e suas barreiras invisíveis é um passo fundamental para ampliar o pensamento crítico sobre eles e desvendar soluções. Enquanto não enxergamos o problema a fundo, enquanto naturalizamos algumas posturas que nos discriminam, encontrar saídas fica bem mais difícil. O livro apresenta algumas estratégias de sucesso para enfrentar obstáculos de gênero. Mas elas não são uma receita fechada. A ideia é que você possa inspirar-se nessas estratégias, adaptá-las ao seu contexto e criar novas, de acordo com a necessidade do momento. As ferramentas básicas você já tem: conhecimento, criatividade e vontade de vencer.

Meu propósito com este livro, e nos tantos anos como escritora, consultora, professora e pesquisadora na área de Liderança e Ética, é contribuir para a construção de uma sociedade mais justa e acolhedora para todos. A equidade de gênero ainda é um desafio que está longe de ser superado. A solução depende, sobretudo, da consciência das mulheres sobre o problema, do apoio mútuo e de uma determinação coletiva para mudar o entorno. Vamos de mãos dadas.

Visite nosso site e conheça estes e outros lançamentos: www.matrixeditora.com.br

ENFRENTANDO O DRAGÃO | Leta Hong Fincher

Na véspera do Dia Internacional da Mulher de 2015, o governo chinês prendeu cinco ativistas feministas por 37 dias. Elas acabaram se tornando uma famosa causa mundial. Hillary Clinton falou em nome delas, e ativistas em todos os cantos do planeta inundaram as redes sociais com a hashtag #FreeTheFive. Mas essas cinco mulheres são apenas uma parte de um movimento feminista muito maior. Neste livro, a jornalista e estudiosa Leta Hong Fincher mostra que esse movimento popular representa hoje a maior ameaça ao regime autoritário da China. Por meio de entrevistas com as cinco feministas e outros ativistas chineses importantes, a autora esclarece os desafios que eles enfrentam. Traçando o surgimento de uma nova consciência feminista com campanhas semelhantes ao #MeToo e descrevendo como o regime comunista suprimiu a história de suas próprias lutas e conquistas feministas, *Enfrentando o dragão* é a história de como o movimento contra o patriarcado pode reconfigurar a China e o mundo.

DUAS RODAS E UM DESTINO | Christiane Tilmann

A autora tem como principal objetivo compartilhar seu aprendizado e apresentar o universo encantador do ciclismo de estrada por meio de dados históricos, curiosidades e várias dicas dessa modalidade que tem crescido no Brasil nos últimos anos. Ela conta também com a colaboração de profissionais que engrandecem a obra e traduzem com clareza os caminhos a serem percorridos para tornar o ciclismo uma atividade cada vez mais segura e prazerosa. Que este livro inspire amantes do ciclismo de estrada para que sintam amor à primeira pedalada e percorram muitos quilômetros de aventura e prazer.

A LÓGICA DO DESTINO | Solange Bertão

Cada dia mais conhecida, a Constelação é um sistema criado pelo terapeuta alemão Bert Hellinger. Ele percebeu que toda pessoa herda de seus antepassados não só características físicas e de personalidade, mas também emoções, numa espécie de DNA emocional. Recebe, portanto, uma herança que influencia seus comportamentos e sentimentos. E assim, sem saber, acaba repetindo padrões de dores, perdas e sofrimentos. Todos nós fazemos isso por amor inconsciente aos nossos ancestrais, sem os quais não existiríamos. O objetivo da Constelação – e deste livro – é nos ajudar a entender a origem das nossas dificuldades, vendo a quem estamos inconscientemente ligados na história da nossa família: pessoas com quem temos laços de sangue, familiares adotivos e até indivíduos com quem nossos antepassados tiveram vínculos significativos. Nesta obra, além de explicações sobre o funcionamento desse sistema e sua origem, são apresentadas histórias reais de pessoas que compreenderam a "lógica de seu destino" a partir da Constelação